U0931688

華泰興
W.T.H.

果味涼拾

“每一粒涼果，每一種味道，

都是一段人生。”

關於本書×作者

高峰，博士研究生、大學客座教授、企業培訓師，現職市場營銷總監。在一次商務活動中，因緣結識了港式涼果的第二代傳人楊文聰先生。兩人年齡相仿、志趣相投，惺惺相惜之餘，楊文聰帶領高峰深入探索了這個傳統行業的奧秘。通過對涼果製作技藝的深入了解，高峰對涼果文化深厚的歷史積澱和獨特魅力深感著迷。

作為一名長期深耕於商業策略與前沿科技領域的資深企業顧問，高峰憑藉其敏銳的商業洞察力，與深諳傳統涼果文化精髓的摯友楊文聰先生深入交流後，激發出跨界合作靈感。基於對文化傳承的使命意識與創新驅動的商業思維，二人決定共同投入港式涼果文化的現代化轉型研究，致力於在傳統工藝與當代消費需求間架設可持續發展的橋樑。

高峰意識到，涼果不僅承載著香港人的集體味覺記憶，更是中華飲食文化不可或缺的一部分。因此，他決定編寫《涼果拾味》一書，希望借此書喚起香港大眾對涼果文化的重新關注，並藉此希望吸引更多人重新認識港式涼果，共同推動港式涼果文化的傳承與創新。

在編寫《涼果拾味》的過程中，高峰深入剖析了涼果的歷史淵源、傳統工藝及其隨時代變遷的軌跡。通過了解港式涼果的傳承故事，高峰將帶領讀者深層次地感受涼果文化的魅力。本書不僅是對涼果文化的忠實記錄，更是對傳統手工業未來發展的深刻思考。

高峰希望透過《涼果拾味》，喚起香港大衆重拾兒時的味道，激發更多人加入到涼果文化的傳承與創新中來，讓這份香港獨特的飲食文化記憶在新時代能夠綻放新的光彩，繼續發揚光大！

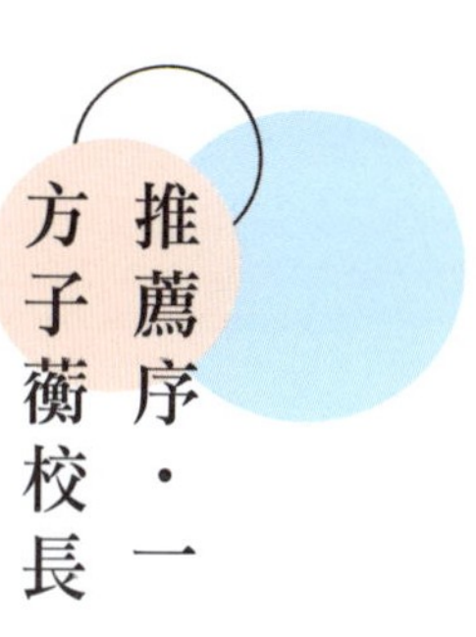

推薦序・一

方子蘅校長

「華泰興涼果」家喻戶曉；盛載著獅子山下的種種回憶與情誼，也是連結不同年代之見證者。提起涼果，總讓人感到美滋滋、透心涼，時而躲進孩提歲月的回憶，時而回到廿一世紀的今天。撫今追昔；忘不了、不退卻的是一份匠人精神（現今所少），是一份持久不變的恆持力，這正正是我們中華文化所倡導的誠敬之心。「認真做人、認真做涼果」，這也是「華泰興涼果食品廠」兩代人所共同創建的精神力量！良心企業，貨真價實，童叟無欺；在世俗滾滾洪流下，他們兩代人仍然堅持以最好的選料，為市民大眾奉上最清心、最潤肺、最養人、最健康、最可持續發展的涼果，這份用心、這份摯誠，無懼韶光淘洗、歲月推移、此志不渝、此情永續 ……

認識華泰興涼果食品廠的太子爺楊文聰（文聰）經年，他是我們的舊生，每次與文聰接觸均感受到他的待人以誠、處事認真，也因著這份做人、處事的誠意，深信「華泰興涼果」在文聰的接棒與領航下，一定能把傳承與創新融為一體，為涼果以匠心獨運的姿態與時代接軌，為大眾帶來不一樣的口感與體驗。

知道文聰出版新書，倍感雀躍和興奮，因為這不僅是一種本地文化的歷史記載，更是我們廣東人引以為傲的非遺手工業文化，值得傳承與傳播。

經云：「心如工畫師，能畫諸世間」，衷心祝願此書一紙風行，「華泰興涼果」以颯爽之姿繼續進入千家萬戶！

方子蘅 校長
香海正覺蓮社佛教陳式宏學校 校長
香港北區小學校長會 義務秘書
香港童軍雙魚區 義務司庫
香港教育局新任校長 指導導師
行政長官卓越教學獎 評委
校長資格認證 評審員
教育局課程發展處人文學科 委員

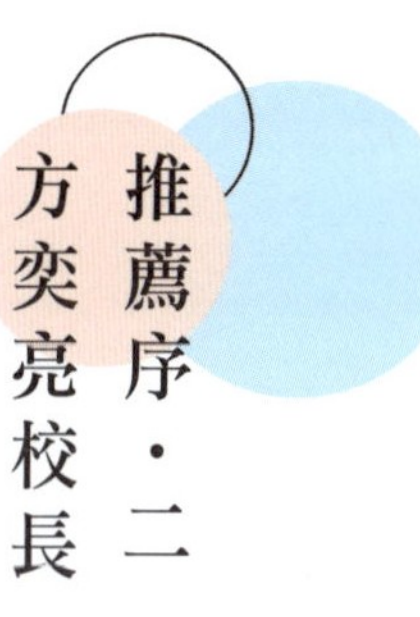

推薦序・二

方奕亮校長

涼果，又稱蜜餞，這種傳統美食以其獨特的風味和營養價值，在人們的日常生活中佔有一席之地。本書以涼果為主題，並以港式涼果兩代傳承的故事，在介紹涼果的歷史、製作工藝、種類及其在現代生活中的應用之餘，也希望讀者能深入了解這間公司在涼果業界的重要角色和涼果這種美味佳餚的魅力。

我與「果二代」楊文聰先生是在學校結緣的。當年文聰在本校唸書，學業雖非特別出眾，但卻是一位非常乖巧的學生。再加上楊媽媽更是熱心参加家教會事務，積極推展會務，更成為我們當年的家教會主席，對學校貢獻良多！因當時楊媽媽經常捐贈禮物給家教會及老師，故也品嚐到他們的涼果產品。今次書本的出版，正好見證着香港涼果業的發展，也欣見文聰已子承父業，成為新一代的掌舵人，為保存及發展涼果業：這個「非物質文化遺產」作出更大貢獻。

本書希望能夠帶領讀者從港式涼果的傳承和發展一起探索涼果的世界，從中汲取靈感，並在日常生活中找到更多的樂趣。讓您在品味這種美食的同時，感受到它背後所蘊含的文化和歷史。願這本書能夠為您帶來愉快的閱讀體驗，並在未來的日子裡，與家人和朋友一起分享這份美味與快樂。

方奕亮 校長

香海正覺蓮社佛教馬錦燦紀念英文中學 校長

2023-2025 年度北區青年發展及公民教育委員會 主席

北區中學校長會 主席

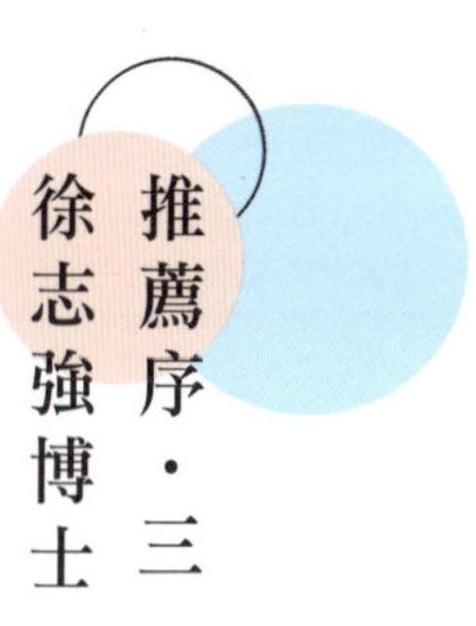

推薦序・三

徐志強博士

《涼果拾味》一書講述了一家傳承父子情懷的香港涼果食品廠，自 20 世紀中期創立以來，憑藉傳統手工技藝與對品質的堅持，成為行業領軍品牌。其經典產品如話梅、陳皮梅、檸汁薑等，不僅深受本地人喜愛，更被列為香港非物質文化遺產，成為飲食文化的重要代表。

然而，隨著時代變遷，這家涼果老店面臨著傳承與創新的雙重挑戰。新一代接班人需要在保留傳統風味的同時，適應現代食安標準、綠色經濟及可持續發展的要求。他們在堅持選用優質原料（如泰國青檸檬、山東大肉薑及陳年陳皮）的基礎上，引入現代化生產技術，確保產品既保留「原汁原味」，又符合顧客需求和生產規格。

此外，第二代傳承人也在積極拓展市場，透過電商平台與零售通路，將傳統涼果推廣至中國內地及歐美等地。這不僅是對傳統美食的傳承，更是以現代化管理與技術推動涼果文化的可持續發展，讓這份美味得以代代相傳。

徐志強 博士

學術統籌主任（通識）及講師

香港浸會大學國際學院商學部

推薦序・四

簡汝謙律師

本人與文聰（暱稱 Fite Fite 或 Lafite）認識多年，一直關心這位傳承涼果的摯友如何把本業發揚光大。涼果透過中國傳統腌製食物的方式保存瓜果。華南氣候濕熱，大熱天時備有涼果行走江湖，有生津解渴的功效，難怪是世代喜愛的食物。戰後大批內地民眾移居香港，使香港的涼果業蓬勃發展，並隨著移民東南亞及歐美人士的需求增加外銷讓涼果名揚中外。

小時候本人外遊時，家人總帶著話梅作零食。過年時節，全盒放置的賀年食品，許多涼果都是本人兒時喜愛的。時至今日，市場上出現五花八門的食品，不多不少削弱涼果的銷量，而為了提升競爭力逐漸改為機械化。雖然如此，涼果製作技藝已列入非遺，肯定涼果的歷史地位。

本人非常欣賞 Fite Fite 能夠守住家業，在與眾多非遺項目一樣面對失傳的窘境，仍然力挽狂瀾。希望透過本書讓讀者（重新）認識涼果之餘，也能感受師傅用心製作的那份暖意，更不用說在行業上有 Lafite 令涼果歷久常新，繼續成為陪伴港人茶餘飯後的「口立濕」。

簡汝謙 律師

香港文化體育及旅遊局非遺資助計劃委員會 委員（2019-2024）

康樂及文化事務署非遺諮詢委員會 委員（2017-2022）

香港十大傑出青年（2021）

推薦序・五

魏仕成議員

在香港這座充滿活力與多元文化的城市，飲食文化如同一幅絢麗多彩的畫卷，而港式涼果則是其中獨特的一抹亮色。作為香港涼果行業的翹楚，楊文聰先生承載著深厚的歷史底蘊與人文情感，在歲月的長河中熠熠生輝。我與楊文聰先生相識已久，深知他為港式涼果的傳承與發展所付出的心血與努力，此次為《涼果拾味》作推薦序，既是對他個人成就的欽佩，也是對港式涼果文化的珍視。

初識楊文聰先生，便被他對涼果事業的熱情所打動。在當今快節奏的商業社會中，許多傳統行業面臨著巨大的挑戰，涼果行業也不例外。然而，楊文聰先生卻堅守著家族的傳統技藝，懷揣著對涼果文化的熱愛，在傳承的道路上砥礪前行。他深知，港式涼果不僅僅是一種小食，更是香港飲食文化的傳承。

《涼果拾味》這本書，猶如一把鑰匙，打開了港式涼果文化的大門。書中詳細介紹了涼果的歷史淵源、製作工藝、種類以及其在香港社會中的地位和作用。從先秦時期涼果的萌芽，到唐宋年間的產業成形，再到明清時期的繁榮發展，涼果的每一步都與中國飲食文化的發展緊密相連。而港式涼果，在繼承傳統的基礎上，融入了香港本地的特色和口味，成為了香港文化的重要組成部分。

書中對各類涼果的介紹更是讓人大開眼界。陳皮梅，這顆被譽為「涼果之王」的瑰寶，其製作工藝之精湛，風味之獨特，令人回味無窮。陳皮梅，一般選用優質的陳皮和梅子，經過多道工序精心製作而成，其獨特的陳皮醬更是陳皮梅的靈魂所在。話梅，那酸甜交織的口感，承載著無數香港人的童年回憶。在話梅的製作上，必須堅持傳統工藝，才能保留話梅最純正的風味。還有嘉應子、陳皮檸檬、甘草檸檬等，每一款涼果都有著自己的故事和特色，它們不僅是美味的零食，更是香港文化的載體。

楊文聰先生傳承傳統技藝的同時，積極探索創新之路。他深知，只有不斷創新，才能讓港式涼果在激烈的市場競爭中立於不敗之地。在書中，我們可以看到他在產品研發、市場推廣等方面所做出的努力。他大膽嘗試將傳統涼果與現代飲食文化相結合，開發出一系列新穎的產品，滿足了不同消費者的需求。例如，將涼果與茶、甜品等搭配，創造出了更多新穎的美食組合，讓涼果煥發出新的生機與活力。

在市場推廣方面，楊文聰先生也有著自己的獨到見解。他積極拓展銷售管道，通過電商平台、零售通路等將港式涼果推廣至中國內地及歐美等地，讓更多的人品嘗到香港涼果的獨特風味。同時，他還注重品牌建設，通過舉辦各類活動，提升港式涼果的品牌知名度和美譽度。

除了在商業上的成功，楊文聰先生還肩負著傳承涼果文化的社會責任。他深知，涼果製作技藝作為香港的非物質文化遺產，需要得到更好的保護和傳承。因此，他積極參與各類文化活動，向公眾展示涼果製作的傳統工藝，讓更多的人瞭解和認識涼果文化。他還致力於培養新一代的涼果製作人才，為涼果行業的發展注入新的活力。

《涼果拾味》這本書的出版，對於香港涼果文化的傳承和發展具有重要的意義。它不僅讓更多的人瞭解到港式涼果的魅力，也為涼果行業的發展提供了有益的借鑒。通過這本書，我們可以看到楊文聰先生在傳承與創新道路上的堅定步伐，也可以感受到他對涼果文化的深厚情感。

在未來的發展中，我相信楊文聰先生將繼續帶領港式涼果，在傳承與創新的道路上不斷前行。他將繼續堅守傳統技藝，保持對品質的執著追求，為消費者帶來更多美味、健康的涼果產品。同時，他也將積極推動涼果文化的傳播，讓港式涼果成為香港文化的一張亮麗名片，走向更廣闊的世界舞台。

最後，希望《涼果拾味》這本書能夠得到廣大讀者的喜愛，讓更多的人瞭解和關注港式涼果文化。也祝願楊文聰先生在未來的發展中取得更加輝煌的成就，為香港的飲食文化事業做出更大的貢獻！

魏仕成 先生
香港特別行政區第七屆黃大仙區議會 議員
嘉濤（香港）控股有限公司（香港主板上市編號：2189）主席

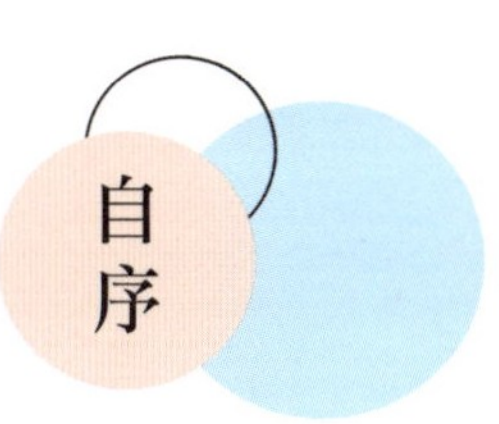

自序

在我對港式涼果深入了解之前，這些微小精緻的小食，不過是我成長歲月中習以為常的零嘴，如同滄海一粟，毫不起眼卻無處不在。它們是沉默的陪伴者，靜靜佇立於香港社會的角落，見證著城市的繁華與變遷。

就像大多數香港年輕人一樣，我最初接觸涼果，例如陳皮梅、山楂餅等，往往是在看中醫、飲用苦茶時，作為送口的小食，用以緩解藥材的苦澀。我從未想過，如此平凡的涼果，竟會在我生活中掀起波瀾，成為日後創作《涼果拾味》的靈感源泉。

一切要從十年前某次商務活動說起。彼時，在一次看似尋常的商務聚會中，我因緣結識了港式涼果的第二代傳人楊文聰先生。我們年歲相仿，如同兩顆在時光軌道上並行的星辰，一拍即合，奏響了相知的序曲。曾經，楊文聰先生的一句「涼果，就是我的一生！」深深地打動了我。他對涼果製作技藝的熱情與執著，以及對香港傳統文化的無限熱忱，與我產生了強烈的共鳴。他娓娓道來的涼果故事，像一把鑰匙，開啟了我通往涼果世界的神秘大門，也讓我決意義無反顧地幫助這位志同道合的好兄弟，共同傳承與發展這份珍貴的港式涼果文化。

隨著時間的推移，我們的交往日益頻密。楊文聰先生帶我走進涼果的天地，從涼果的生產流程到市場營銷策略，從傳統工藝的堅持到創新技術的探索，楊文聰先生毫無保留地向我展示。我目睹了涼果從新鮮瓜果到現代化生產的全流程，那是一場視覺與心靈的盛宴。每一個環節，都凝聚著涼果師傅們的智慧與汗水。每一顆涼果，都蘊含著對傳統的尊重和對品質的執著。我被這一切深深震撼，這小小的涼果食品在我心中的形象，從此發生了巨變。

我開始深入研究涼果的歷史。從先秦的萌芽、到唐宋的產業成形、及明清時期的繁榮發展、再到現代的傳承與創新，涼果的每一段歷程都與香港的發展密切交織。它不僅是香港人共同的味覺記憶，更是中華文化寶庫中一顆璀璨的明珠。我意識到，涼果的意義遠不止於舌尖上的享受，它是香港社會文化的縮影，是連接過去與現在、傳統與創新的紐帶。

在與楊文聰先生的交流中，我看到了他對涼果事業的熱誠與執著，也看到了他作為一個年輕匠人的責任與擔當。他深受父親楊強漢師傅的影響，決定繼承了傳統涼果製作的技藝；又在現代化的浪潮中，勇敢地探索創新之路。我們常常促膝長談，探討如何將前沿技術融入涼果生產、探討如何通過市場營銷策略提升涼果的品牌形象、探討如何讓這個傳統行業在當代社會中煥發新的活力。

在系統性梳理港式涼果這半世紀發展歷程後，我亦嘗試提煉出其工藝背後的傳承脈絡，並與楊文聰先生提出「非遺活化與品牌年輕化」的市場策略，又建議將涼果製作技藝轉化為可互動的文化體驗模組，例如舉辦親子涼果製作工作坊，同時運用視頻平台打造匠人故事系列等。這些市場策略既保留港式涼果老字號的核心價值，又可以建立與年輕消費者的情感連結，實現品牌創新。

這些年通過與楊文聰先生不斷交換意見、思考與探尋，不但讓我對涼果文化有了更深入的理解，也堅定了我創作《涼果拾味》的決心。我希望通過這本書，可以將文字的力量發揮出來，把港式涼果文化的深厚底蘊及其傳承的故事，一併栩栩如生地呈現在大家面前。

書中的每一個字，都有著對這傳統小食文化的熱愛與尊重的體現。在本書中，各位讀者可以了解到涼果文化的發展脈絡、傳統涼果製作工藝的魅力所在、市場營銷的挑戰、以及那個在香港土地上發生著的傳承與創新的故事。當然，我更希望讀者能夠通過這本書，感受到那份深藏在香港涼果中的文化自信、那份屬於我們共同的文化記憶！

創作《涼果拾味》的過程，並非一帆風順。我需要在日常的工作之餘，擠出時間來深入研究資料、與楊文聰先生反覆交流，深化對涼果的認識和理解，並進行多次調整和完善書稿的內容。從初稿到今天成書，歷時數年之久。然而，每當我看到書稿逐漸成型，心中都不免泛起一絲絲的滿足與感恩。因為我知道，這不僅僅是對涼果文化的記錄，更是對港式涼果文化傳承的一份小小貢獻。

如今，《涼果拾味》終於與大家見面。本書承載著我和楊文聰先生及楊強漢師傅對港式涼果的熱忱與希望，期待能藉此書喚起大家對涼果文化的重新關注，吸引更多人重新認識港式涼果、甚至投入其中，並共同守護這份屬於香港的獨特文化記憶。讓涼果不僅僅停留在回憶裡，而是繼續在市場上佔有一席之地位，在時代的發展中不斷傳承和創新，綻放屬於自己的光彩！

高峰 著

2025 年 3 月 7 日

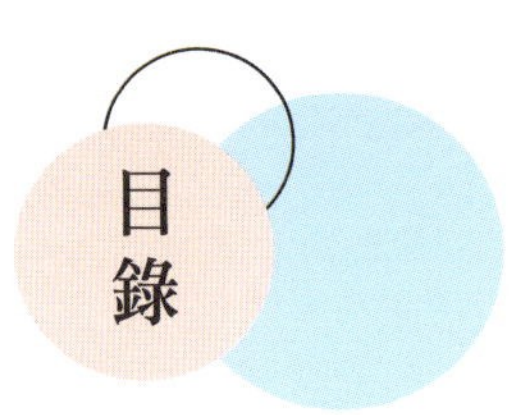

關於作者及本書 ／ 10

序章（排名不分先後，以姓氏筆劃排序）

推薦序一 - 方子蘅 校長 ／ 12

推薦序二 - 方奕亮 校長 ／ 14

推薦序三 - 徐志強 博士 ／ 16

推薦序四 - 簡汝謙 律師 ／ 18

推薦序五 - 魏仕成 議員 ／ 20

自序 ／ 24

前言 - 細説・涼果

匠骨錚然・時光淬鍊的甘醇 ／ 33

從南到北・蜜餞與果脯 ／ 39

果香溯古・新火續舊啖 ／ 44

涼果工藝・非物質文化遺產 ／ 64

港式涼果・時光荏苒 ／ 74

第 *1* 章 - 陳皮梅

涼果之王・陳皮梅 ／ 86

獅子山下香港情 ／ 92

陳皮梅的涼果小百科 ／ 102

第 *2* 章 - 話梅

香港涼果文化發展的源流 ／ 106

香港涼果的產業化 ／ 109

匠心工藝・堅持傳統的味道 ／ 113

話梅的涼果小百科 ／ 120

第 *3* 章 - 嘉應子

涼果・香港時代變遷的見證人 ／ 124

傳統涼果與日韓零食 ／ 127

嘉應子的涼果小百科 ／ 130

第 *4* 章 - 陳皮檸檬

甘苦與共・父子傳承 ／ 134

傳承傳統與破格創新 ／ 136

仔大仔世界・正式交棒 ／ 143
陳皮檸檬的涼果小百科 ／ 146

第 5 章 - 甘草檸檬

創新求變也要融匯互補 ／ 148
經營哲學・同行多合作 ／ 152
涼果界的金漆招牌 ／ 154
甘草檸檬的涼果小百科 ／ 163

第 6 章 - 冬薑

堅持原味・涼果巨匠的職人精神 ／ 166
從偷食到偷師 ／ 171
冬薑的涼果小百科 ／ 175

第 7 章 - 檸汁薑

涼果的「Fusion 菜」 ／ 178
港式涼果的保育 ／ 182
檸汁薑的涼果小百科 ／ 188

第 *8* 章 - 九製陳皮
自設果園・勿忘初心 ／ 192
應變則變・以不變應萬變 ／ 198
九製陳皮的涼果小百科 ／ 201

第 *9* 章 - 九製橄欖
數白欖與飛機欖 ／ 204
青黃不接・欖歌成絕響 ／ 210
九製橄欖的涼果小百科 ／ 214

第 *10* 章 - 黃皮
港式涼果・徹底的革新 ／ 218
蜜製黃皮的涼果小百科 ／ 224

第 *11* 章 - 職人涼果
薪火傳承・堅守工藝 ／ 228

參考資料 ／ 241

前言

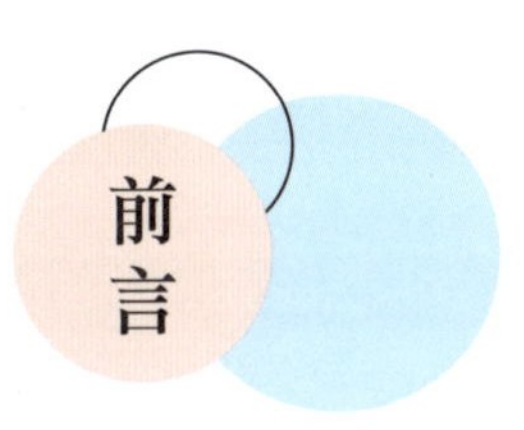

細説・涼果

匠骨錚然　時光淬鍊的甘醇

涼果，是中國傳統飲食文化中的瑰寶，通過獨特的醃製與加工技藝，將各式時令瓜果轉化為風味醇厚、口感細膩的美味零食。涼果的歷史可追溯至二千多年前的先秦時期、並成形於唐宋年間，早年主要為了便於儲存與攜帶，後來則逐漸演變為皇家御膳與民間珍饈，沉澱出獨特的風味與文化價值。

涼果的製作過程極為講究，從山間栽種到成品包裝，需經數十道繁複工序，方能凝練出其獨特的甘潤口感。這門工藝，猶如一首由時間精心雕琢的詩篇，承載著天地風土、人文技藝與歲月沉澱的結晶。

涼果的風味，始於對原料的精挑細選。農人遵循果物秉性，在日照充足、土壤肥沃的土地上悉心栽種，讓果實飽飲陽光雨露，於天地間緩緩醞釀出醇厚的糖分與香氣。以梅子為例，僅採摘果徑達三公分以上、青黃半熟、表皮透亮、果肉飽滿的優質果品。這般精挑細選，不僅是涼果製作的第一道工序，更是決定最終風味與口感的關鍵所在。每一顆果實，都承載著時間與自然的饋贈。

採收後的果實，將經歷層層淨化與精製。首先，以流動活水反覆沖洗，去除果實表皮上的各種雜質與塵土，再依果實的品種特性施以不同工法，例如進行去核、切瓣等細緻處理。過程中，必須嚴格把控果肉的尺寸，力求最大程度地保留其最佳口感。每一刀、每一劃，皆蘊藏著延續果肉彈潤的細膩手法，師傅們的指尖起落間盡是數代傳承的熟稔功夫。這每一道工序，都體現了涼果匠人對品質的執著與對細節的精雕細琢。

隨後，果塊浸入秘製的糖鹽水中緩慢漬滲，時間與糖霜、果酸等在此刻緩慢交融，形成層次豐富的甘醇底蘊。師傅們需時時輕攪汁液，調控溫濕以確保每寸果肉均勻地吸附風味與精華。接著，果料入鍋慢熬糖煮，師傅手持工具，持續畫圓攪拌，恰似為這場糖分與果膠的共舞擊拍定調。漸漸地，琥珀色的糖漿在熱力中泛起琉璃般的光澤、並漸次滲透到果肉紋理中去，空氣中則瀰漫著撲鼻誘人的焦糖香氣，正式標誌著風味轉化的關鍵時刻。

熬煮完成的果脯半成品，將分批鋪放於竹篩上，接受陽光的洗禮。果脯在天然的日光淬煉與回潤間交替進行，果肉逐漸收斂水分，凝縮出誘人的琥珀色澤。期間，師傅需定時翻面，確保所有果料乾燥均勻。這段期間，糖分與香氣仍然在果肉中持續微妙地進行轉化，將陽光、風土與匠心，共同凝縮成一顆顆可觸可嚐的時光膠囊。

最後，經過多重殺菌程序及嚴格的質檢，確保糖度、軟硬度與衛生標準均達標後，方可進行包裝，封存住這份來自土地的饋贈，以及封存住時間與技藝共同譜寫的果香蜜意。當涼果匠人在檢驗箋親筆簽署時，這不僅是對產品品質的負責，更是對大自然的敬畏與尊重。這般繁複工藝，終將鮮果的短暫芳華，凝縮為可觸可嚐的永恆滋味。從枝頭初綻的青澀果實到縈繞唇齒的甘潤蜜餞，涼果的製作猶如一首時光淬鍊的詩篇。

由此可見，涼果的每一道製作工序都必須經過涼果老師傅們的悉心把關，匠人們憑藉豐富的經驗和精湛的製作技藝，確保每一顆涼果的品質都能始終保持如一。涼果的製作工藝不僅僅是一種食品加工技術，更是中華民族傳統文化的重要組成部分。

例如，廣式涼果製作技藝已被列入廣東省省級非物質文化遺產代表性項目名錄，彰顯了其獨特的文化價值和歷史地位。而港式涼果在繼承廣式涼果傳統的基礎上，也融入了香港本地的特色和口味。香港作為一個國際化大都市，其涼果文化也呈現出多元化和創新性的特點。港式涼果早年不僅深受本地人的喜愛，還遠銷海外，讓這小小的涼果成為連接不同文化和地區的重要橋梁。

涼果不僅美味可口，還具有多種健康功效。例如，陳皮梅具有生津止渴、開胃消食的作用；話梅能夠生津解渴、提神醒腦；冬薑則具有暖胃驅寒、促進血液循環的功效。這些健康功效使得涼果在現代人的飲食中仍然佔據著重要的地位。

隨著時代的變遷，涼果行業自然也面臨著諸多挑戰。然而，傳承和發揚涼果文化仍然具有重要意義。通過傳承涼果的製作工藝和文化內涵，我們可以讓更多人了解和喜愛這份傳統美食，從而推動其可持續性發展。

在傳承的基礎上，創新也是推動涼果行業發展的重要動力。通過引入新的技術和理念，我們可以開發出更多符合現代人口味和需求的涼果產品，拓寬其市場應用範圍。例如，將涼果與茶飲、甜品等結合，可以創造出更多新穎的美食組合。

涼果，作為中華民族傳統飲食文化中一顆璀璨的明珠，其製作技藝的精湛與文化內涵的深厚，都值得我們深入探究和傳承。它並非簡單的食品加工，而是將自然饋贈與匠人技藝完美融合的藝術創作。從對原料的精挑細選，到層層工序的精雕細琢，每一個環節都體現著對品質的極致追求和對傳統的虔誠守護。這其中蘊含著豐富的農業知識、食品科學以及獨特的文化意義，是中華民族勤勞智慧和對美好生活的嚮往的生動體現。更重要的是，涼果的製作技藝，代代相傳，凝聚著無數匠人的心血和汗水，是中華優秀傳統文化中珍貴的遺產，承載著歷史的記憶和文化的傳承。

放眼未來，在傳承傳統技藝的基礎上，我們更應積極探索創新之路，在保證品質的同時，不斷提升涼果的附加值，例如開發更多元化的產品系列，探索更健康的製作工藝，以及更具現代感的包裝設計，從而更好地適應市場需求，讓這古老的美味在現代社會煥發出新的光彩，走向更廣闊的舞台，讓更多的人了解和品味這中華傳統美食的獨特魅力。

筆者相信，通過不斷的創新和發展，涼果這顆文化明珠必將繼續綻放出更加璀璨的光芒，為中華飲食文化增添新的篇章。

從南到北　蜜餞與果脯

涼果在中國飲食文化中擁有悠久的歷史，其不僅滋味甘甜、製作精巧，更蘊含著深厚的文化內涵。由於涼果製作技藝廣泛流傳於各地，其製作方法和名稱也因地域和文化差異而呈現多樣性。蜜餞果脯大致可分為南北兩派，並因產地和原料的不同，形成了京、廣、蘇、福四大流派。

例如，閩南一帶喜以糖醃煮各類水果，名曰「果脯」，閩南語又稱之為「鹹酸甜」，故從其名已知其味。又以泉州蜜餞為例，其製作通常涉及腌製、糖漬和烘乾等多道工序精心製作而成，故成品具有鮮亮透明、表面乾燥、略有黏性和酸甜可口的特點。

閩南人家，常備蜜餞，尤以正月為盛。即使平常的茶席上也擺滿各種蜜餞，佐以清茶，便是一段美好的時光。海外僑胞返鄉，歸程時更愛攜帶蜜餞。當地人也以蜜餞為饋贈遠行親友的禮品，寓意一路順風。在閩南一帶，大部分水果都能製成蜜餞，橄欖、油柑、楊梅等等都是當地人耳熟能詳的品種。

嶺南地區以其溫潤潮濕的氣候，盛產各式瓜果，因此該地區的涼果製作也以新鮮水果為主要的原材料。嶺南涼果常見的原材料包括有李子、芒果、木瓜、陽桃、梅子、橄欖等，並添加多種植物香料，以創造出獨特嶺南風味的涼果。嶺南涼果的特色在於融合中藥材，例如「陳皮梅」等，這些製品不僅具有獨特的口感，也融入了中藥的養生理念，實行「藥食同源」的飲食哲學。

而南北交匯處的蘇式蜜餞則以其精美的工藝和風味聞名，同樣具有悠久的歷史。在傳統中國蜜餞中，就有一種以手法聞名、稱作「雕花蜜煎」的技藝（**編按：本作「蜜煎」，俗因其為食物也，後改用「蜜餞」**），將水果如金橘、青梅等用蜂蜜或糖漬製成後，經過雕刻成花卉狀。這種技藝早在宋代就已經存在，並且常被用於創造以鑑賞為主的藝術品。

至於北方地區，由於氣候較為乾燥寒冷，盛產的水果種類自然相對較少，因此涼果的製作往往更注重選材的精良和工藝的精湛。北方涼果在選材上會更偏向於耐儲存、風味獨特的果品，例如山楂、棗、杏等。這些果實往往經過精心的篩選，去除瑕疵，再以獨特的配方進行加工。

例如，北方比較著名的山楂糕，以其酸甜爽口的口感聞名，其製作過程繁複，需要經過清洗、去核、熬煮、壓榨等多個步驟，才能最終呈現出晶瑩剔透、入口即化的口感。而北方特有的冰糖葫蘆，則以其鮮豔的色彩和酸甜適中的味道深受人們喜愛，其製作過程看似簡單，卻也需要掌握火候和糖的熬製技巧，才能保證糖衣的色澤和口感。

此外，北方一些地區也發展出以果脯、果醬等形式保存水果的傳統，這些產品往往以其樸實的風味和獨特的製作方法，體現出北方人民的勤勞智慧和對美好生活的追求。這些北方果品，雖然在種類和形式上與南方涼果有所不同，卻同樣在中國飲食文化中佔據著一席之地，共同構成了中國涼果文化的多彩畫卷。

要更深入了解北方涼果的精髓，唐魯孫的《中國吃》無疑是一本絕佳的指南。這位被譽為「中國第一美食家」的唐魯孫（1908~1985），在其傳世之作《中國吃》中，曾以其獨到的筆觸，細致地描繪了他當時在北方所感受到的涼果面貌：「蜜餞製品最主要的是山楂、兩種帶酸性的果子，此外就是海棠果、山里紅了。北平賣水果的除了設攤營業外，稍具規模的叫果局子，所有蜜餞食品都是果局子出售。果局子長條案上，陳列為三尺左右白地青花的大海碗，上邊蓋著一半紅漆木蓋，一半蓋的是玻璃磚，殷紅柔馥、琥珀澄香，隨便裝上兩罐，走親戚看朋友。帶兩罐蜜餞老少歡迎，不豐不儉，固甚得體，留為自用也頗廉宜 ……」

唐魯孫在《中國吃》中的這些果子製品，也稱作「北果脯」或「北蜜」，以其濃郁的風味聞名。與之相對，冬瓜條、糖荸薺、糖藕片、糖薑片等，則因其表面裹覆一層細膩的白糖粉衣，而被稱為糖衣果脯，或「南果脯」、「南蜜」，主要產自福建、廣東、上海等南方地區，質地清脆爽口，甜度也更高。總而言之，無論是「北蜜」的醇厚，還是「南蜜」的清冽，果脯與蜜餞皆是當時北京城裡，從達官貴人到黎民百姓都愛不釋手的美味小食。可見涼果即使經歷千年，其文化底蘊依然，儼如刻在我們中國人的基因血脈中，延綿至今！

涼果的出現，是古人巧妙應對鮮果易腐難題的智慧結晶。最初，古人將鮮果浸入蜂蜜之中，利用蜂蜜的防腐、保鮮功效，並增添其甜味，宋代稱之為「蜜煎」。此後，砂糖的問世，人們便逐漸以糖替代蜂蜜，延續了這一技藝。涼果的醃製，本意是為了將易腐爛的瓜果保存下來，作為儲備糧，方便長期儲存和攜帶，可謂是古代的「便捷食品」。又相傳，古時妻子常為遠行丈夫準備醃製的涼果作為乾糧和零食，以此表達甜蜜的離別之情，故而也稱其為「蜜餞」（編按：蜜餞者，糖漬果物也）。

涼果之名，時而蜜餞、時而果脯。其實，蜜餞和果脯並非完全相同的食品，儘管它們都屬於糖漬或乾燥的水果製品，然而它們在含水量、口感和製造過程上均存在差異。蜜餞，原指以蜜、濃糖漿等浸漬的水果，其主要的製作過程是將水果整個浸泡在蜜糖中，使其充分吸收蜜汁，然後脫水製成。而果脯則一般選擇果肉較為多汁的新鮮水果，如葡萄、橙、蜜桃等，按不同情況需要，經過去皮去核後，切成塊或片形，經糖泡製、烘乾而成的半乾狀態水果製品。因此，蜜餞通常含水量較高，表面可能帶有糖汁或蜜液，給人一種濕潤的口感；而果脯則含水量較蜜餞為低，表面乾燥且不帶汁，口感較為乾爽。

在製造過程上，蜜餞主要通過糖漬處理，利用滲透壓降低水的活性，以保持其濕潤狀態，而亦因為蜜餞整體浸泡在蜜糖中，所以有著濃厚的蜜糖甜味；相反，果脯則經過糖煮後進行乾燥，表面乾身透明，從而呈現出獨特的外觀。但亦因為果脯經過了蒸煮等工藝，口感相對柔軟，水分較少，果味反而更加集中濃郁。

蜜餞在南方地區，如廣東、福建等地較為常見，製法也多樣。例如，以製蜜餞聞名於世的廣東嘉應地區，其蜜餞被稱為「嘉應子」；與此相對，果脯則在北京等北方地區廣泛流傳。北京人習慣將含水量低、不帶汁的果品稱為「果脯」，例如杏脯、梨脯等。北京果脯製作技藝，據說始於明末皇宮御膳房，主要選用北方常見的桃、梨、杏、棗等水果。

值得一提的是，當代新聞漫畫家李濱聲老先生在其漫畫作品中，曾精闢地闡述果脯選材的嚴格標準：「果脯選料最為嚴格，凡蟲病、次小一概不得用。至於蓮藕，多選什剎海的河鮮嫩藕，直徑超過五寸的基本不用，高雜拌中絕對少見。」這番話，生動地展現了傳統果脯製作對原料品質的極高要求。

果香溯古　新火續舊啖

我國蜜餞果脯的製作歷史悠久，可追溯至兩千多年前。東漢學者趙華所著《吳越春秋》中記載：「越以甘蜜丸（木黨）報吳增封之禮」，表明當時越國已將甘蜜丸這種蜜餞作為國禮贈送給吳國，這是關於蜜餞的最早期文字記載之一。

除此之外，《三國志》中也記載了吳國孫亮「方食生梅，使黃門至中藏取蜜漬梅」的場景，生動地展現了當時宮廷中用蜂蜜浸漬鮮梅的習俗。這些史料均充分證明，早在三國時期，「蜜漬梅」等蜜餞果脯已成為人們日常生活的必需品。自此之後，蜜餞果品這一類珍饈美饌，在昔日宮廷宴飲的華筵之中均不可或缺，它們承載著古時皇家對味蕾藝術的極致追求，作為宴會中點睛之筆的甜點佳餚，其豐富的口感與精巧的製作工藝不僅彰顯了皇室氣派，更是當時宮廷飲食文化精緻考究的生動寫照。

在古代，涼果不僅是美味的食品，更是一種具有禮儀意義的饋贈之物，常被用於傳遞吉祥祝願或美好的祝福。例如，正如前文所述，將其贈予遠行家人或離別友人，以表達殷切的期盼與真摯的祝福，寄託著美好的祝願與深厚的情誼。蜜製產品，因其精細製作和獨特的風味，成為上至朝廷百官，下至普通百姓之間重要的禮尚往來之物。涼果表現出了中國傳統社會對於人文文化的重視，也帶給人一種感性與情意交織的體驗。

據《契丹國志》中記載，為賀宋朝皇帝生日，契丹國進貢的禮單中便包含「蜜曬山果十束欞椀，蜜漬山果十束欞」等蜜製果品。而宋朝皇帝祝賀契丹可汗壽辰的禮物中，也有「鹽蜜果三十罐」等蜜製食品。在此國與國的賀禮交流中，禮物已經超越了其實物本質，而更具有社會生命與寓意，這便是所謂的

「禮物之靈」。蜜製食品作為兩國互致友好的信物，充分說明蜂蜜及其製品已超越單純食物的範疇，而是賦予了更深層的象徵意義，成為外交和社會交往的重要媒介。

曾任北宋泉州知府的蔡襄在其《荔枝譜》（**編按：《荔枝譜》乃中國第一部荔枝農學專著**）中詳細記載了荔枝蜜餞的製作工藝：「蜜煎剝生荔枝，笮去其漿，然後蜜煮之」。如此精細的製作工藝，體現了宋代高超的果品製作技藝，也印證了當時發達的果子文化。更重要的是，蔡襄記載荔枝蜜餞不僅在國內暢銷，成為上貢朝廷的珍品，還遠銷海外：「水浮陸轉，以入京師，外至北戎、西夏，其東南，舟行新羅、日本、琉球、大食之屬，莫不愛好，重利以酬之。」由此可見，蔡襄對荔枝蜜餞製作方法的詳細描述，成為宋代果子文化繁榮昌盛的最佳例證。

中國的涼果文化於唐宋時期逐漸成形，從最初只有上貢給皇室貴族才能享用的重要宮廷珍品，到後來在民間流傳，逐漸演變成百姓用於餞行時贈送的禮品，並一直持續發展至清朝時達到頂峰。同時，涼果在各個時期均扮演著不可或缺的角色，逐漸成為中國文化的一部份，至今已有超過千年的歷史。這一段悠久的歷史，反映了涼果在中國飲食文化中的重要地位。

▲北宋徽宗趙佶〈文會圖〉中的宮廷宴飲。

根據北宋幽蘭居士孟元老所著的《東京夢華錄（卷二、卷三）》（編按：書名中所指的「東京」，即北宋時期的國家首都「汴京」，又稱「汴梁」，現河南省開封市）記載：「西宮南皆禦廊杈子，至州橋投西大街，乃果子行。」及「如果木亦集於朱雀門外及州橋之西，謂之果子行。」於這兩句中所提及的所謂「果子」，並非單指水果，而是涵蓋了涼果、生果、乾果、蜜餞及餅食等等，種類繁多，蔚為大觀。

北宋汴京，果子行遍佈街巷，琳琅滿目的果品不下數十種，從堅果類的銀杏、栗子、核桃、松子等，到乾果類的芭蕉乾、梨條、桃圈等，再到蜜餞類的梅、櫻桃煎、嘉慶子（李子）等等，應有盡有，光是關於梨子的蜜餞已有「煎西京雪梨、夫梨、甘棠梨」等多款選擇，其種類之豐富令人咋舌。此外，還有各式精美的果子罐子和香氣四溢的小臘茶。每份果子的價格平均最高不過十五文錢，約合今日的三至五元人民幣左右，如此親民的價格，足見果子在當時的普遍程度，早已深入民間，成為老百姓日常生活中的一部分。

宋代涼果的款式之多，令人嘆為觀止。即使是尋常小食，也講究精緻與美味，從製作到擺盤，都體現了宋人對生活的細緻追求。宋代涼果不僅種類繁多，其精美的包裝和考究的擺盤更為其增添了幾分雅緻，充分展現了宋代人對飲食文化的重視和高雅的審美情趣。

其中，《東京夢華錄》中記載的「插食」和「插盤」的技法，即以鮮花等點綴果品，更添一份雅致，使之超越尋常小食，成為一種審美意趣的體現。這小小的果子，也反映出當時汴京繁華的市井生活和精緻的飲食文化。這繁盛的果子行景象，不僅展現了當時汴京市井的繁華景象，更說明果子已成為宋代市民日常飲食中佔據著舉足輕重的地位，其產業體系之完備，可見一斑。

除了固定的果子行外，流動性強的小販也是宋代當時販售果子的重要力量，而這些街頭攤販更將涼果的營銷策略推向極致。這些小販們多以獨輪車作為工具，時常穿梭於大街小巷間，正如孟元老在《東京夢華錄》中所描述的「又有獨輪車，前後二人把駕，兩旁兩人扶拐，前有驢拽，謂之『串車』，此車往往賣糕及糕麋之類」節慶期間，這些流動攤販更是活躍，將飲食服務的便捷性推向巔峰。

例如七夕節期間，大街小巷便開始充斥著販賣各式奇巧玩意和飲食的小販。有些小販售賣以瓜雕刻成花樣的「花瓜」，有些則售賣以油面糖蜜製作的「笑靨兒」，這些在當時都屬於「果食」的範疇。夜市攤檔們則結合「吆喝叫打」、「懸旗示物」等手法，以盒盛裝涼果使其成為物美價廉的平民零嘴。這些流動攤販突破了空間的限製，在推動蜜製食品的普及和發展方面，發揮了重要的作用。

在《東京夢華錄》有關飲食果子的篇章中，也有一段生動有趣的描寫，饒富趣味地記錄了當時北宋酒肆間的市井百態：「有向前換湯斟酒歌唱，或獻果子香藥之類，客散得錢，謂之『廝波』。又有賣藥或果實蘿蔔之類，不問酒客買與不買，散與坐客，然後得錢，謂之『撒暫』。如此處處有之。」「廝波」者，藝人小販也。他們攜琴帶歌，或兜售香囊、果脯，憑技藝換取酒客賞賜，宛如今日街頭藝人以歌聲換取二維碼打賞，以服務轉取報酬之舉。而「撒暫」則更具巧思，他們手捧藥瓶或蜜漬蘿蔔，穿梭於酒肆之間，免費分贈酒客，待酒客收下後，再笑盈盈討要錢財，如同試吃員常以免費試吃誘導消費一樣。

由於果子等蜜餞果脯零食，是宋朝人喝酒時的必備佐酒小物，而且種類繁多，不但有杏、棗、李等各色切條曬乾的北方果脯、又有橄欖、金橘、龍眼、荔枝、甘蔗等蜜糖醃漬加工後的南方蜜餞果品，所以酒肆有時也會以「撒暫」同樣的方法免費分送果品，以招徠顧客。

想像一下在北宋深夜的酒肆，夥計吆喝著「客官請坐」、鄰桌婦人殷勤添酒、門口傳來柳永新詞的吟唱、更有熱情的店家塞給你一顆蜜漬蘿蔔等等畫面，這儼如《清明上河圖》中活色生香的市井風情，躍然紙上。

北宋時期繁盛的果子文化，並沒有因為政局和社會動盪而衰落，反而在南宋時期更加繁榮。例如，南宋吳自牧的《夢粱錄》中記載的「十色蜜餞」，不僅味美，更兼具精巧的視覺盛宴。南宋宮廷盛行蜜餞雕刻技藝，精緻的蜜冬瓜魚、雕梅花球、青梅荷葉、雕花金橘、蜜筍花、雕花薑等，小巧玲瓏，晶瑩剔透，宛如一件件精美的藝術品，在宮廷宴席上，它們往往成為一道令人賞心悅目的風景線。例如，宮廷宴席上，有一種形似寶塔的蜜餞，名為「簇飣看盤」，僅供觀賞。簡單的「簇飣看盤」僅將果子堆砌成寶塔狀，而更精巧者，則需由技藝精湛的工匠在果皮上雕刻出吉祥圖案，更顯富麗堂皇。

據史料記載，南宋紹興二十一年十月，清河郡王張俊在府邸設宴款待高宗趙構，席間便有精心準備的一百五十道佳餚，而蜜煎櫻桃更作為開胃之首，備受推崇。由此可見，在宋代的高級宴席上，蜜煎果子以其獨特的風味和美好的寓意，成為常見且尊貴的迎賓佳餚。

根據中國歷史研究院的研究記載，南宋當時除了果子行和酒肆茶舍外，其他各類飲食店鋪也紛紛經營蜜製點心和蜜餞。南宋當時流行的「消夜果兒」（編按：即消夜時享用的食品及瓜果）便有時果及蜜餞等各種精美小食。後來，消夜果兒在江蘇杭州一帶更逐漸成為休閒的代名詞。而到了清代，《清稗類鈔》中更把「蜜餞兒」乾脆就放在「消夜果兒」的下面（編按：即「蜜餞兒」等於「消夜果兒」的意思，可見蜜餞等涼果小食在古時消夜的「地位」是何等重要！）。

除此之外，在《西湖老人繁勝錄》中，作者西湖老人更將杭州城食店售賣的蜜製食品單獨列出，細看之下，種類之豐富令人驚嘆，例如：「蜜金橘、蜜木瓜、蜜林檎、蜜金桃、蜜李子、蜜木彈、蜜橄欖、昌園梅、十香梅、蜜棖、蜜杏、瓏纏茶果」等等，不勝枚舉。這些延續至今的果品，不但傳承了千年華夏文化的習俗，如今也成了各地尋常百姓家消磨閒暇時光的零食。

到了宋末元初，周密的《武林舊事》則更詳細地記錄了臨安城中（編按：當時的南宋都城，今杭州市內）蜜製果點的盛況，其中果子類包括有「裹蜜、糖絲錢、蜜麻酥、蜜薑豉、蜜彈彈、薄苛蜜、琥珀蜜」等；蜜製糕點則有「蜜糕、蜂糖糕」；甚至連蜜製飲料如「薑蜜水」也赫然在列。由此可見，南宋時期的蜜餞、果點等食品種類之多、製作之精，遠超北宋，其產業規模與影響力亦達到新的巔峰。

宋代飲食文化的繁榮，不僅體現在民間的果子行和小販，更延伸至官方機構的專業化服務。專營涼果的「蜜煎局」，便是「四司六局」中不可或缺的一環。「四司六局」中，四司包括帳設司（編按：即負責宴會搭建棚子、場地架設的部門）、廚司、茶酒司、台盤司（編按：即所謂「樓面」，負責傳菜及端盤碗等工作）；而六局則為果子局、蜜煎（餞）局、菜蔬局、油燭局、香藥局及排辦局（編按：即專門負責排列筵席上的桌椅座位的部門，同時排辦局也負責清潔打掃等宴會的善後工作）。

「四司六局」的興起，正正是宋代經濟繁榮、民生富庶、消費力強的社會環境下的產物。當時無論婚喪喜慶所需之物，皆可透過「四司六局」租借或操辦，省去了許多繁瑣的準備工作，便捷高效。從司局名稱更可窺見當時宴席之龐大與複雜程度，其規模之盛大，較之現代的豪門盛宴，有過之而無不及。

宋代的「四司六局」乃在前朝「六局二十四司」的基礎上所設立的機構，專門為政府宴請和民間婚喪喜慶提供服務，正如史料所載：「官府貴家置四司六局，各司其職，故筵席排當，凡事整齊，都下街市亦有之。常時人戶，每遇禮席，以錢倩之，皆可辦也。」其中「六局」之一的「蜜煎局」，「專掌糖蜜花果、鹹酸勸酒之屬」，負責製作各種蜜製果點及甜品。可見當時的涼果乃為宋代宴席上不可或缺的元素，尤其在婚喪喜慶場合更是重中之重。

蜜煎局製作的蜜製果點，不僅以其香甜美味而廣受歡迎，更蘊含著豐富的文化意涵。例如，蜜餞常被賦予婚姻幸福的象徵意義，因此在喜慶婚宴上幾乎是必不可少的食品。此外，在民間夜市等場所，也常見如油蜜蒸餅等蜜製面點的蹤影，足見蜜製果點其深厚的民俗文化底蘊。蜜煎局這種官方機構與民間飲食文化之間的相互交融，更深刻地影響了涼果的後續發展和文化地位。

這種官民融合的產業盛況，深刻地反映了宋代社會獨特的經濟特徵。在商品經濟的強大驅動下，涼果產業完成了從簡單的儲糧醃製品向精緻商品的轉型升級，它既滿足了平民百姓在酒肆中「散與坐客」的日常消費需求，又融入到上層社會「蜜煎局」等宴飲禮製之中，成為一種身份和地位的象征。宋人對涼果品質的精益求精，正是中國飲食美學從注重實用功能向追求審美意趣轉變的生動縮影，體現了宋代社會的繁榮與文化自信。

及後，乃至元代政府更進一步設立「沙糖局」，專門負責「掌沙糖、蜂蜜煎造，及方貢果木」，其職能已由單純的飲食服務機構提升至兼具工商管理的部門。同時，為滿足政府的蜂蜜供應，元代還在地方設立「採蜜提舉司」，專管蜂蜜採集。茶店酒肆、小販以及「四司六局」等，共同構成了宋元時期飲食服務業的繁榮景象，更推動了社會「嗜甜」風尚的興起。

自唐代從印度引入蔗糖後，白砂糖作為一種新型甜味劑在各食品工業中迅速興起，更對果脯製作產生了深遠的影響。與蜂蜜相比，蔗糖及砂糖更易於大規模加工、運輸和儲存，無需沸煮脫水，也避免了蜂蜜自身濃郁味道對果實風味的遮蓋。充足並多樣的糖料供應、豐富的果實產出、以及不斷精進的製作技藝，共同促使蜜餞果脯在中國飲食文化鼎盛的宋代時期達到了空前繁榮的景象，更進一步推動了當時社會「嗜甜」、「嗜蜜」的風尚。

宋元時期盛行的蜜餞涼果，形成一股獨特的「嗜蜜」飲食風尚，並非偶然，而是社會發展的必然結果，是多重因素共同作用的產物。其物質基礎，首先來自養蜂及釀蜜技術的日趨成熟。

我國人工養蜂取蜜的歷史可以追溯到東漢時期，據西晉皇甫謐在《高士傳》中記載，東漢時期的人工養蜂先驅薑岐「以畜蜂、豕為事，教授者滿於天下，營業者三百餘人」，可見當時養蜂業已相當興盛。及至宋元時期，人工養蜂技術的精進與規模更為擴大，提供了充足的蜂蜜原料，使蜂蜜及其製品從宮廷御膳到民間小食，無處不在地融入人們的日常生活，成為百姓餐桌上的常見之物。

其次，「嗜蜜」風尚的興起也反過來推動了食品的商品化和多樣化。宋元時期的文獻記載中，常有「蜜煎冬瓜、蜜薑、蜜筍、蜜青杏、蜜藕」等蜜製果蔬，琳琅滿目，廣受各階層人士喜愛，無論達官貴人的宴席，還是街頭巷尾的小販攤位，都能見到它們的身影。

這些蜜製食品之所以得以廣泛流傳，關鍵在於其獨特的防腐製作工藝。蜜製食品首先需要去除果蔬中的水分，然後再以蜂蜜包裹煎製，隔絕空氣，這樣便能有效地抑製了細菌的滋生，具備天然的防腐功效。值得注意的是，蜜製品的這一特性也極大地促進了其商業化發展。例如，蜜煎薑在適當保存下可存放一年之久，這使得長途運輸和季節性儲存成為可能，進一步擴大了其市場範圍。

這種兼具精緻與世俗特色的飲食文化，是宋元時期飲食文化的一大特色，也為後世飲食文化的發展奠定了重要的基礎。因此，技術的進步、消費需求的增長、以及食品保存技術的提升，共同推動了宋元「嗜蜜」風尚的興起與繁榮。

蜜，作為其中重要的元素，更從食品層面走進了文化層面，宋詞元曲中多有以蜜喻情，以蜜的甘甜來形容愛情或友情的甜蜜與醇厚，例如「蜜意」、「蜜語」等詞語的出現，也反映了蜜與蜜製品在當時社會文化中的重要地位。

宋元之世，蜜的流行遠超尋常的飲食風尚，常在文人墨客的筆下，幻化出豐富的文化意蘊。這並非簡單的味覺享受，而是時代精神的投射。

宋元的詩詞曲賦中，對蜜蜂與蜂蜜的歌詠俯拾皆是，如蘇軾的《蜜酒歌》中「先生年來窮到骨，問人乞米何曾得？世間萬事真悠悠，蜜蜂大勝監河侯。」，以及「採得百花成蜜後，為誰辛苦為誰甜。」等名句，便以蜜蜂為喻，探討人生的辛勞與甘苦，賦予其深刻的人文關懷。

蜜的甘甜，也成為宋元的文人雅士用作衡量生活品質的重要尺度。陸遊詩句中的「一碗藜羹似蜜甜」和「箭筍蕨芽如蜜甜」、與曾幾的《食楊梅三首》中「不放楊梅蜜樣甜」、及楊萬里的「嫌殺芳醪似蜜甜」等等，無不以「似蜜甜」、「蜜樣甜」來形容食物的美味，更以「蜜甜」暗喻著閒適、愉悅的生活狀態和心靈的自由。陸遊的「睡味著人如蜜甜」等更將這種「蜜甜」的感受延伸至生活的每一個角落。

及至元曲中的「蜜」也別具一格，常用來比喻甜言蜜語。例如關漢卿《陳母教子》中的「臨行相別時候，說的來花甜蜜就」、《魯齋郎》中的「誰聽你兩道三科，嚷似蜂窩，甜似蜜缽」、或王曄《桃花女》中的「啜人口似蜜缽，都只是隨風倒舵，索媒錢嫌少爭多」等句，將「蜜」的甜膩與巧言蜜語相映成趣，與《資治通鑒》中對李林甫「口有蜜，腹有劍」的描寫如出一轍，將「蜜」從實際食物的層面昇華到文化的層面。

宋元時期文人對「蜜」的文化想像豐富而多元，它既是衡量食物美味的標準、也是閒適生活的象徵、更是對美好生活的嚮往、甚至可以是文化中的代名詞。這不僅僅反映了當時「嗜蜜」風尚的盛行，更體現了宋元當時文人雅士文化內涵的豐富多彩。嗜甜的「蜜食」風尚已超越了飲食本身，並深刻影響並融入其文化之中。

人類對甜味的迷戀，如同歷史長河中一道綿延不絕的暗流，悄然塑造著文明的軌跡。自十五世紀以降，西班牙與葡萄牙商人的「尋糖之旅」，拉開了地理大發現的序幕，而這場波瀾壯闊的探險，其根源竟也與一顆小小的糖粒息息相關。

哥倫布，這位名揚後世的航海家，亦捲入這場甜蜜的盛宴。在 1493 年的第二次航行中，哥倫布將甘蔗種植技術播撒至中美洲，為新大陸增添了一抹甘甜的色彩。然而，早在唐代，中國便已掌握精湛的白砂糖製造工藝，堪稱名副其實的「甜味大國」。

中國亦是大航海時代的先驅，鄭和七下西洋（1405~1433年），其壯舉比哥倫布的航行早近百年，足跡遍布亞非三十多個國家和地區，譜寫了海上絲綢之路的輝煌篇章。然而，哥倫布的船隊時常飽受壞血病的摧殘，而鄭和船隊卻能在每次長達數年的遠洋航行中安然無恙，這箇中緣由，令人好奇。

曾三次隨鄭和下西洋的翻譯官馬歡（編按：當時官名為「通事」，據載馬歡通曉阿拉伯語及波斯語），在其所著的海外見聞錄《瀛涯勝覽》中，為我們解開了這個謎團。馬歡在《瀛涯勝覽》中生動地描繪了鄭和船隊沿途採購補給的景象。例如，他詳細記載了「莽吉柿、賭爾烏、酸子、菠蘿蜜」等異域水果，為避免鮮果腐敗，果脯便成為重要的維生素補充來源，這也體現了古代航海家們的智慧與遠見。

明代，中國的果脯製作技藝已臻化境，各地匠人根據當地原料和口味，巧妙地創造出琳琅滿目的佳品，例如天香棗、金橘餅、雕梅等，這些色香味俱全的蜜餞，年年進貢宮廷，深受皇室的青睞。有學者推測，蘇式果脯或曾作為珍貴的貿易品或外交禮品，隨著鄭和船隊的遠航，傳播至世界各地。鄭和船隊沿途採集的異域水果，吃不完的部分也製成果脯保存，營養豐富的果脯，無疑是漫長海上航行中不可或缺的補給，有效降低了船員患壞血病的風險。

明萬曆年間，西班牙傳教士馬丁·德·拉達（Martín de Rada，1533~1578）隨同明代船隊自菲律賓馬尼拉出發，於1575年抵達福建泉州，作為首批抵達菲律賓及中國的西班牙傳教士，馬丁·德·拉達隨即開啟了他的中國之旅，並在此品嚐到當地獨特的果脯。

在華兩個月間，他將見聞悉心記錄於《馬丁·德·拉達劄記》（又稱《中國劄記》）。此手稿雖未曾出版，卻為後世研究明代中國提供了彌足珍貴的史料，漢學西傳下，並成為另一位西班牙傳教士胡安·岡薩雷斯·德·門多薩（Juan González de Mendoza，1540~1618）撰寫的《大中華帝國史》的重要參考。其中，那小小的果脯，也成為西方對東方甜蜜幻想的注腳，為這段歷史增添了一抹獨特的色彩。

據文獻記載，中世紀的阿拉伯人乃通過絲綢之路，最早將蔗糖從亞洲引入歐洲。至十三世紀，蔗糖才開始在歐洲傳播。它一度是歐洲貴族專享的珍貴甜品和調味品，直到十九世紀才變得價格親民，為大眾所享用。

然而，來自將砂糖視為奢侈品的歐洲人馬丁·德·拉達，卻見證了中國果脯的普遍存在，並將其視作富庶生活的象徵。他在劄記中驚嘆道：「這個國家遍地都是糖，因此價格低廉。蜂蜜也極其豐富，因為養蜂業十分興盛，就連蜂蠟都便宜得出奇！其產量之巨，足以裝滿一船，甚至一支船隊！」中國蜂蜜和糖料的充裕供應，得益於其高度發達的製糖業。正是這發達的製糖業，從而催生了看似奢侈的果脯製作技藝，為這段歷史又增添了一抹令人回味無窮的甘甜。

甜蜜的果脯蜜餞到了清代，仍舊佔據著一席之地，深受皇家青睞。由紫禁城出版社於 1992 年出版的《宮女談往錄》一書中，詳實記錄了清宮日常起居，其中一位侍奉慈禧太后的宮女便曾回憶道:「宮裡頭最有名的是零碎小吃。秋冬的蜜餞、果脯，夏天的甜碗子，簡直精美絕倫 ……」由此可見，果脯蜜餞在清代宮廷內，乃是備受推崇的精緻佳品。

關於清代果脯，還有一段流傳至今的小故事。話說康熙三十二年（1693 年），康熙皇帝在紅螺寺（**位處北京市懷柔區城北**）遊覽休憩，寺中方丈敬獻腌製多年的杏脯予以招待。這杏脯色澤豔麗，入口綿軟香甜，令康熙帝龍顏大悅，遂將其列為貢品。紅螺寺也因此聲名遠播，其名號多年後更成為北京果脯業中享譽盛名的老字號品牌。北京果脯在歷史長河中，由宮廷膳膳演變為享譽京城、甚至全國的特色名產，其發展脈絡清晰可見。

唐魯孫先生在其著作《中國吃》中也曾提及：「早年南方友人來北平辦事或觀光，臨行前 …… 若想購買些可口的零食，十之八九會到乾果鋪選購幾樣果脯，用匣子裝好，帶回故鄉饋贈親友，那是最受歡迎的北平土特產了。」蜜餞果脯這份盛名，不僅流傳於舊時，即使在計劃經濟時期，許多人上山下鄉探親訪友，也總要帶回許多蜜餞果脯，與親友分享，或留作閒暇時細細品味，回味那份獨特的甜蜜滋味。

1915 年，美國舊金山（三藩市）藉慶祝巴拿馬運河竣工，舉辦「巴拿馬太平洋萬國博覽會」。當時，一位京城果子鋪東家，精挑細選了幾種北京熱銷的果脯，送去參賽。裝載果脯的陶壇樸實無華，看似不起眼的包裝卻掩藏著令人驚豔的內涵。國際裁判品評後，盛讚其果香四溢，獨具東方食品的高雅風味，齒頰留香，回味無窮，最終榮獲金質優勝獎章，為中國果脯贏得了國際聲譽。

涼果產業的蓬勃發展並非北方獨享，南方同樣呈現欣欣向榮之勢。至清代中期，廣府地區的涼果產業已臻成熟，形成完整的產業鏈，聲名遠播海內外。便捷的港口通商，更為廣式涼果的遠銷海外插上了翅膀，使其香甜滋味飄揚於世界各地，成為一道亮麗的文化名片。

得益於廣府獨特的地理位置和優越的農業條件，本地盛產各式瓜果，為涼果製作提供了豐富的原材料。因此，廣府涼果不僅種類繁多，其製作工藝亦精湛複雜，無論是瓜果選料、醬糖配比、還是炮製、包裝等等，都體現出精益求精的匠人精神，使其在眾多涼果之中獨樹一幟，成為享譽全國的特色美食，尤其是廣府涼果中的「鹹、酸、甘、甜、濕」五大特性。更冠有粵語「口立濕」的別稱！聽其名而知其意，「口立濕」的生津解渴、健脾開胃之效，在老廣府人心中更有不可撼動的地位！

人重情緣而對物念念不忘，因物有益健康而歷代傳承，流湍如水不息而存演變。涼果及其製作工藝歷經千年的傳承與發展，不僅深深植根於華人的文化土壤之中，承載著豐富的歷史記憶與地方特色，各類精製的涼果產品更是在全球範圍內廣為流傳，早早便遠銷至世界各地。這些滋味獨特、工藝考究的涼果，對於離鄉背井的老一輩華人而言，不僅是舌尖上的美味享受，更是寄託思鄉之情、緩解鄉愁的珍貴慰藉之物。通過涼果，異國他鄉的華人們能夠回味起故鄉的味道，感受那份來自故土的溫暖與親切。

▲ 南宋《十八學士春宴圖》

由此可見，涼果的非物質文化遺產價值不僅在於享用時的美味口感，還包括其豐富的人文文化內涵和傳統意義。現今，只有通過不斷發揚和傳承涼果文化，其價值才可以獲得不斷的推廣和提升，成為古今不衰的美食瑰寶。

涼果工藝　非物質文化遺產

涼果製作技藝的起源，可以追溯到中華先民保存鮮果的古老智慧。早在《周禮》中，就有「醢人掌四豆之實。朝事之豆，其實韭菹、醓醢」的記載，其中「醢」即為醃漬食物。最初，由於當時食物資源相對匱乏，食鹽等調味料也十分珍貴，醃漬之法，往往只出現在王侯貴族的餐桌上，成為重要場合或接待貴賓時才得以享用的珍饈。但這也說明醃漬保存食物的技術，在先秦時期已經具備，並日漸發展成為一種重要的食物保存技術，也為涼果製作技藝奠定了基礎。

從先秦時期的簡單醃漬，到唐宋時期的蜜煎局專司製作果脯貢品，涼果製作技藝的發展歷程，清晰地印證了其與中華農耕文明的深厚淵源。在漫長的歷史歲月中，這門手藝不僅得以保存，更不斷發展和完善，融入到中華民族的飲食文化之中，成為其中的一部分。

涼果匠人們憑藉著世代相傳的技藝，以及對食材的深刻理解，將糖霜化作手中的畫筆，將時間化作手中的墨水，巧妙地將瓜果的鮮美與營養封存起來。他們不僅僅是製作涼果，更是將大自然的饋贈，轉化為能跨越時空的珍貴記憶，將四季的鮮活景色，凝固成可以長久保存的藝術品。每一顆晶瑩剔透的涼果，都凝聚著匠人們的心血與智慧，也承載著中華民族對美好生活的期許與追求。這份對傳統技藝的堅守與創新，使得涼果製作技藝歷久彌新，並持續為中華飲食文化增添獨特的魅力。

涼果不僅僅是食物的保存，更是中華文明綿延不絕的見證。

「留原瓜之味而更甜香，保原果之形而更精美」，涼果製作的精髓在這句話中得到了最精準的詮釋。這不僅僅是對一種技藝的概括，更是對涼果匠人精神的精妙點睛。製作涼果的匠人，遠不止於追求食物保存的實用性和味覺上的滿足，他們更執著於在提升水果風味、色澤與口感的同時，完整保留甚至昇華水果原有的形態與色澤，最終呈現出令人賞心悅目的精美外觀。這是一種精湛技藝的展現，更是一種對食材由衷的尊重與愛惜，甚至是一種對自然饋贈的虔誠致敬。

涼果匠人們的技藝，從古至今精湛絕倫，其獨特的製作方法與精益求精的精神，賦予涼果與眾不同的風味與口感。不同的水果、運用不同的工藝，力求最大程度地保留水果的本真風味，並在保留本真的基礎上，更進一步提升其色香味。這不僅需要對水果本身有深入的了解，更需要匠人爐火純青的經驗積累和嚴謹細緻、不斷勇於改良創新的態度。他們如同藝術家般，以精湛的技藝雕琢著大自然的饋贈。每一顆涼果，都凝聚著匠人無數的心血與汗水。

例如，前文提及的以瓜果雕刻成花樣的「花瓜」，以及精緻的「雕花蜜煎」，便將涼果製作的理念提升至藝術的層次。這些作品不僅僅是美味的食品，更是兼具視覺與味覺享受的藝術品。它們精巧的雕工、鮮豔的色彩、誘人的香氣，無不令人讚嘆。透過這些作品，我們不僅能品嚐到水果的甘甜，更能感受到匠人精湛的技藝和對藝術的追求。它們是時間與技藝的結晶，是自然與藝術的完美融合，更是一種文化的傳承與延續。

從最初的選材，到後續的清洗、處理、烹飪，每個環節都體現著匠人們對品質的執著追求，力求將水果的最佳狀態完美呈現。他們不僅僅是將水果進行加工，更是將其昇華，賦予其新的生命與價值。

涼果的製作亦緊隨時令，季節更迭，水果種類亦隨之變化，從而確保涼果始終能為人們帶來新鮮的口感體驗。這份對季節的敏銳感知與及時的應變，也體現了涼果製作的精妙之處。涼果匠人們如同季節的舞者，隨著時令的變化，靈活調整製作流程和選材，以確保每一顆涼果都呈現出當季水果最美好的風味。這種對時令的尊重和把握，也使得涼果製作更具生命力，更能體現人與自然的和諧共生。

涼果製作，不僅僅是製作食物的過程，更是一種文化的傳承，一種精神的體現。它體現了匠人對食材的尊重、對技藝的追求，以及對美的無限嚮往。每一顆涼果，都承載著匠人的心血，也承載著文化的底蘊，值得我們細細品味，用心欣賞。它超越了簡單的食品範疇，成為一種獨特的文化符號，靜靜地訴說著一個個關於技藝、關於堅持、關於美的動人故事。

再以宋人為例。宋代飲食文化，精妙絕倫，尤其體現在小食之上。其特色不僅在於品種繁多，更在於製作的精美考究。宋人無論選用何種食材，皆力求色香味俱全，賞心悅目，令人垂涎欲滴。製作精美的蜜餞，更是宋代文人雅士眼中雅致閒情之極致。

南宋詩人楊誠齋在其詩文中，曾精妙地描繪了「櫻桃煎」的製作過程：「其法不過煮以梅水，去核，搗印為餅，而加以蜜耳。」寥寥數語，卻道盡了宋人精湛的烹飪技藝與豐富的製作經驗。這小小的「櫻桃煎」，其精巧的製作手法，實則反映了宋代飲食文化的精髓。

宋代的果子點心，種類繁多，琳琅滿目，其盛行絕非偶然。正是因為工匠們精益求精，不斷創新，才造就了這般令人目不暇給的美食盛宴。從簡單的果脯蜜餞，到複雜的糕點餅食，每一樣都凝聚著匠人們的心血與智慧，也體現了宋代人民對美好生活的追求與嚮往。櫻桃煎僅是其中一個小小的縮影，它以其簡潔的製作步驟，卻展現出宋人對食材本味的尊重與巧妙的烹飪技法，更能體現出宋代飲食文化中精緻與簡約的完美融合。

宋代經濟的繁榮，以及製糖技術的飛速發展，為這些精緻的果脯蜜餞提供了堅實的物質基礎。甘甜的糖蜜，不僅提升了果品的風味，更延長了其保存期限，讓這些美味佳餚得以惠及更多的人。從皇宮貴族的御膳珍饈，到文人雅士的雅集清供，再到尋常百姓家中的日常點心，各式果子點心，都深受人們的喜愛，成為當時備受推崇的珍饈美味，也深刻地影響了宋代的飲食文化和社會生活。它們不僅僅是食物，更是宋代繁榮昌盛、生活富足的生動寫照，更是宋人精緻生活方式的體現。這份對美食的熱愛，也進一步推動了整個宋代小食行業的蓬勃發展，形成了獨具特色的宋代飲食文化，至今仍令人回味無窮。

涼果製作技法，對後世食品加工業影響深遠，其精湛的工藝與獨特的風味，更極大地豐富了中華飲食文化的內涵。元代《居家必用事類全集》中記載的「蜜煎藕」，便是其中一個鮮明的例子：「初秋藕新嫩者，沸湯焯過五分熟去皮，切作條子或片子。每一斤用白梅四兩，湯浸汁一大碗候冷浸一時許，漉絀控乾。用蜜六兩去滷水，別蜜十兩慢火煎令琥珀色，放冷入罐貯。」這段看似簡潔的文字，卻蘊含著豐富的食品加工知識與技藝，從選材、預處理、浸漬、到最後的蜜煎，每個步驟都精準到位，體現了當時涼果製作的高超技藝。

「蜜煎藕」的製作過程，不僅體現了對食材的精挑細選，更展現了對火候和時間的精妙掌控：先以沸水焯熟，既能去除藕的澀味，又能保持其脆嫩的口感；再以梅湯浸漬，則能去除藕中的多餘水分，並賦予其獨特的酸香；最後以慢火煎製，則能使蜂蜜充分滲透藕中，形成色澤誘人、口感甜蜜的蜜煎藕。這道菜餚的成功，不僅在於精準的步驟，更在於對食材本質的深刻理解和對烹飪技藝的爐火純青。

涼果製作技法的歷久彌新，並非偶然，它既秉承了傳統的製作技藝，又不斷地推陳出新，與時俱進。從宋代的櫻桃煎到元代的蜜煎藕，再到後世琳琅滿目的各式涼果，其共同點在於對食材的尊重、對技藝的精益求精，以及對創新的不斷追求。正是這種對傳統的繼承和創新的融合，才使得涼果製作技法歷經千年而不衰，並持續為中華飲食文化增添光彩，也為現代食品加工業提供了寶貴的經驗和啟示。

如今看似樸拙的涼果，其製作過程卻暗藏著數十道精妙的工藝，堪稱一門精湛的技藝。從選材開始，便如同精挑細選美玉一般，講究選材如擇玉、糖煮定漬滲、晾曬聽天時。每一個環節都至關重要，需要匠人憑藉著豐富的經驗和精準的判斷力來把控。老師傅們掌心佈滿的厚厚繭紋，便是他們多年經驗積累的最佳證明，更是比任何現代檢測儀器都更權威的品質保證。他們憑藉著對食材的敏銳感知和對技藝的精湛掌握，才能製作出色香味俱全的涼果。

因此，涼果的風味，不僅僅是食材本身的滋味，更是古老技藝與現代科技的完美融合。古老的傳統技藝，是涼果製作的靈魂，它體現了匠人對技藝的精益求精和對傳統文化的堅守；而現代科技的輔助，則能提升生產效率和品質控制，讓更多人能夠享受到這份來自傳統的美味。涼果的滋味，是古老的智慧與現代的科技共同釀造的成果，是傳統與現代的完美交融。涼果不僅僅是一種食物，更是一種文化的傳承，一種技藝的昇華。

常說「民以食為天」，這句古語道盡了飲食在中華文化中的核心地位。飲食，不僅僅是果腹之需，更是社會風俗、歷史變遷、地域特色與文化底蘊的綜合體現。探究中國傳統文化，繞不開那豐富多彩的飲食世界。八大菜系固然聲名顯赫，佔據餐桌的中心位置，然而，若要細細品味中華飲食文化的精髓，則需放眼更廣闊的視野，去發現那些看似不起眼，卻蘊藏著深厚歷史與精湛技藝的民間美食。

廣式涼果，便是其中一例。它或許不像八大菜系那樣光芒四射，卻以其獨特的風味和精巧的製作技藝，靜靜地訴說著千年來中華飲食文化的演變與傳承。其精緻的製作過程，更是體現了中國人對待食物的細膩與用心，以及對生活品質的追求。從選材到製作，每個環節都體現著匠人精神，也反映出廣東地區獨特的地理環境和人文風情對飲食文化所產生的深刻影響。廣式涼果不僅僅是簡單的零食或佐餐小食，更是中國傳統飲食文化中一個很重要的組成部分，值得我們深入探究與品味。它以其獨特的魅力，在中華飲食文化的浩瀚星河中，散發著屬於它自己獨特的光芒。

2022 年，廣式涼果製作技藝榮登《廣東省第八批省級非物質文化遺產代表性項目名錄》，正式被列為非物質文化遺產傳統技藝，非遺項目編號 VIII-90，第 51~53 號。這項殊榮，不僅是對廣式涼果製作技藝歷史價值和文化意義的充分肯定，更為其長遠的保育和傳承提供了堅實的保障，確保這項古老技藝能夠永久流傳下去，薪火相傳。這份來自廣東省人民政府的公告，標誌著廣式涼果製作技藝正式步入國家級非物質文化遺產保護體系，將享受到更完善的保護機製和更廣泛的社會資源支持，從而更好地促進其發展與傳承。

除了廣東省人民政府，值得一提的是，在2020年澳門特別行政區政府便已將涼果製作技藝列入澳門《非物質文化遺產清單》。此舉不僅為研究澳門的民間飲食民俗文化提供了重要的基礎資料，也凸顯了涼果製作技藝在澳門文化保護和傳承工作中的重要地位，進一步彰顯了其文化影響力。

廣東與澳門兩地政府的先後肯定，共同為廣式涼果製作技藝披上了更加耀眼的光環，使其從地方特色小吃，提升至國家級非物質文化遺產的高度。這不僅提升了涼果工藝的社會地位和經濟價值，也讓更多人認識到這項技藝的獨特魅力與文化內涵。廣式涼果不僅是傳統飲食文化的精髓所在，更體現了廣東地區獨特的地域特色和創新精神，是中華飲食文化寶庫中一顆璀璨的明珠。

通過對這項非物質文化遺產的保育與傳承，我們不僅能繼續享用這甜蜜美味的涼果，更能將這份珍貴的文化遺產傳遞給後世，讓更多人了解並欣賞這份獨特的中華文化瑰寶，讓其在世界舞台上綻放更加奪目的光彩。

港式涼果　時光荏苒

香港，作為一個匯聚東西方文化的國際大都會，其飲食文化同樣呈現出多元融合的特色。而香港的涼果製作技藝，更是這一文化特色的生動體現。它並非單純地複製廣式涼果，而是在此基礎上，經過香港人一代又一代的匠心改良和創新，最終形成了獨具一格的港式風格。

涼果種類繁多，歷史悠久，早年以街邊小販或小商店售賣為主。

不同於廣式涼果的傳統，港式涼果更顯現出香港人勇於創新、積極融合的鮮明特質。製作港式涼果的師傅們能夠巧妙地將傳統的蜜餞製作技藝與香港本土的獨特口味偏好、甚至國際化的食材和風味相結合，不斷推陳出新，創造出令人驚豔的全新口味。這種創新精神，不僅豐富了涼果的種類和風味，更使得港式涼果呈現出更加多元化的樣貌，能夠滿足不同人群的味蕾需求，在保留傳統精髓的同時，更展現出與時俱進的現代活力。

香港涼果的發展歷程，正是一個傳統技藝在現代社會不斷演變、創新和發展的絕佳案例，它不僅僅是食物，更是香港文化多元融合的縮影，體現了香港人對傳統文化的尊重與創新精神的完美結合。這種創新使得港式涼果不僅在香港本地深受歡迎，更逐漸走向國際，向世界展現了香港獨特的飲食文化魅力。

涼果製作，絕非一蹴而就的簡單技藝，而是一門需要技藝精湛的師傅們傾注畢生心血，經年累月積累經驗才能掌握的藝術。從原材料的挑選到精準的醬料配比，再到繁複的製作過程，每個環節都考驗著涼果師傅們的耐心與細膩。上好的原材料是製作優質涼果的基石，力求達到最佳的口感和最長的保質期。而後續的製作過程，更是充滿了無數細節，需要師傅們憑藉豐富的經驗和精湛的技藝，悉心照料，方能成就色香味俱全的佳品。這不僅僅是製作食物，更是一種對傳統技藝的虔誠守護，一種對品質的卓越追求。

港式涼果製作技藝，作為香港獨特的非物質文化遺產，承載著香港的歷史與文化，是香港飲食文化中非常重要的一部分。2024年，非物質文化遺產（非遺）辦事處所舉辦的「非遺知味」巡迴展覽，將港式涼果製作技藝等九個本地飲食文化非遺項目呈現在市民眼前，讓更多人了解到日常飲食中所蘊含的深厚歷史和文化底蘊，進一步提升了港式涼果的社會地位和文化價值。這項技藝的傳承，依靠著長輩們的言傳身教，一代又一代地傳遞下去，早已融入香港的飲食文化基因，成為香港社會傳統的鮮明標誌。品嚐港式涼果，不僅僅是享受味蕾的盛宴，更是體驗香港歷史文化底蘊的絕佳途徑，其獨特的非遺價值由此可見一斑。

更為重要的是，港式涼果的製作技藝並非一成不變，它允許並鼓勵涼果師傅們在傳統技藝的基礎上，充分發揮創意，不斷探索新的口味和風格。在香港的街頭巷尾，傳統與創新並存，既能品嚐到承襲古法的經典港式涼果，也能嚐到令人驚喜的創新口味，充分滿足了不同消費者的需求，也讓這項傳統技藝在現代社會煥發出新的生機與活力。這種兼容並蓄的發展模式，也正是港式涼果歷久彌新的關鍵所在。

數十年來，港式涼果早已融入香港人的日常生活，與香港人的生活息息相關，建立起一種既親密又深厚的情感聯繫。其獨特的風味和功效，更使其深深的融入到香港人的日常生活當中。例如，涼果具有解苦助藥的功效，是許多香港人飲用涼茶或服用中藥時的絕佳伴侶，有效緩解涼茶的苦味。這不僅僅是一種飲食習慣，更是一種生活智慧的體現。

在日常生活中，港式涼果的用途更是多樣且貼心。閒暇時，可以獨自品嚐，享受那份甜蜜與悠閒；逢年過節或探望親友，則可作為一份溫馨的手信，傳遞情誼；忙碌的工作間隙，它能充飢解渴，舒緩壓力，成為提振精神的小幫手；甚至在重要的會議場合，它也能幫助與會者提神醒腦，提高效率。涼果，早已超越了單純的食物範疇，成為一種生活方式的象征，一種情感的傳遞媒介。

在香港的文化娛樂和旅遊活動中，涼果同樣佔據著一席之地。過去，在電影院觀影時，涼果是許多香港人必備的零食，為觀影增添樂趣；在數十年前物資匱乏的年代，港式涼果更成為普羅大眾或外地遊客爭相購買的特色港產手信，將香港獨特的飲食文化傳遞到世界各地，增進彼此的情誼。

綜觀港式涼果在香港人生活中的應用，我們不難發現，它早已不僅僅是一種美味的小食，更承載著豐富的人文價值和深刻的生活意義。港式涼果見證了香港人的生活變遷，記錄了香港的歷史與文化，成為香港人共同記憶中的一部分。港式涼果是一種味道、一種情感、一種連結，更是一種屬於香港的獨特文化符號，在甜蜜的滋味中，傳遞著香港人獨有的生活情懷與文化底蘊。

時光荏苒，歲月變遷，香港年輕一代對於港式涼果的印象，或許已與上一輩有所不同。在他們的記憶中，涼果更多地與中藥、孕期、旅途等特定情境聯繫在一起。

例如，用山楂餅、嘉應子或陳皮梅等涼果來沖淡中藥的苦澀，用其鹹鹹濕濕的口感來緩解孕吐的不適，或是用來生津止渴，緩解暈車暈船的不適，甚至僅僅是單純地解解嘴饞，打發時間。這些情境下的涼果，更像是一種應急之物，一種輔助性的食品，而非傳統意義上的美味小吃。

的確，無論涼果在現代香港人生活中扮演何種角色，它都陪伴著一代又一代的香港人共同成長，見證了香港的歷史變遷。從上世紀六、七十年代飛機欖的輝煌時代，到如今年輕一代對涼果的「老派」印象，港式涼果經歷了興衰起伏。隨著時代的發展，現代科技的進步，各式各樣的現代食品和飲料層出不窮，它們在功能性和便捷性上都遠超傳統涼果，使得港式涼果的部分功能逐漸被取代，其市場份額也日漸縮小，顯現出傳統技藝在現代社會發展中所面臨的挑戰。

然而，這並不意味著港式涼果的價值就此消逝。它所承載的歷史記憶、文化底蘊以及獨特的風味，依然值得我們去珍惜和保護。如何讓年輕一代重新認識和了解港式涼果的文化價值，如何讓這項傳統技藝在現代社會找到新的發展空間，是我們需要思考和努力的方向。或許，通過創新和改良，賦予港式涼果新的形態和功能，才能讓這份甜蜜的記憶繼續流傳下去，讓更多人品嚐到這份屬於香港的獨特風味。

涼果，作為中國傳統的民間小零食，在香港更具有一種獨特的文化底蘊和傳承手藝的代表意義。然而，這項承載著濃厚人情味的傳統產業，如今卻面臨著嚴峻的挑戰。解決涼果產品的銷售困境，並進一步拓展產業發展空間，成為擺在業界面前的一道重要課題，其潛在的發展空間不容忽視。

目前整體涼果市場呈現萎縮態勢，尤其是港式涼果行業，年輕一代普遍缺乏參與意願，這其中原因錯綜複雜，歸根結底在於成本、勞動投入、利潤回報以及時間成本之間的嚴重失衡。高昂的生產成本與相對低廉的市場價格，使得從事涼果製作的利潤空間被嚴重壓縮，漫長的製作工序更讓年輕人望而卻步，缺乏時間和經濟效益的雙重保障，自然難以吸引新血加入。

要突破現狀，必須從技術革新入手，在保留傳統味道的同時，尋求縮短生產時間的有效途徑。另外，積極提升產品的市場價格，以期達到製作工時與利潤回報的正比關係。只有這樣，產業發展的空間才能得到有效擴大，發展的概率才能隨之提升。

歲月流轉，香港涼果的款式和包裝或許隨著時代的變遷而有所調整，從傳統的紙包到如今精緻的塑膠包裝，從單一種類到琳琅滿目的多元選擇，都體現了時代的進步。但無論外在如何變化，那份獨特的港式涼果風味卻始終如一，這份堅持，源於一代又一代涼果匠人對傳統技藝的堅守和傳承，更源於他們對這份事業的熱愛與執著。他們不僅僅是在製作涼果，更是在傳承一種文化，一種情懷，一種屬於香港的獨特記憶。

正是這種對傳統技藝的堅守和對品質的追求，才讓港式涼果歷經歲月洗禮，依然散發著令人難以抗拒的魅力，在時代的浪潮中，持續傳遞著那份溫暖的人情味，成為香港文化中的一抹重要回憶。這種人情味，不僅體現在涼果的製作過程中，更體現在涼果匠人與顧客之間的互動和交流，以及他們對產品品質的負責態度。正是這種人情味，讓港式涼果不僅僅是一種零食，更是一種情感的寄託，一種文化的傳承。港式涼果的味道依舊，靠的就是依然有人願意繼續在港式涼果上堅持，並繼續傳承這份「人情味」！

在港式涼果的百年傳承中，香港華泰興涼果的發展軌跡猶如一條流淌不絕的山河。創辦人楊強漢師傅自七十年代紮根香港以來，他便開始引領著整個產業的脈動。這家低調而穩健的企業，在香港的經濟浪潮中深耕不輟，既見證了香港從加工業時期蛻變為國際金融之都的歷程，更以承上啟下的方式重塑著港式涼果產業的格局。華泰興以原料果胚製作技藝為支點，在產業鏈中構築起中游樞紐的地位，恰似老茶工焙製陳年普洱般，將時光淬鍊的智慧注入每道工序，成就了港式涼果獨樹一幟的風骨。

作為涼果產業中的無冕之王，楊師傅所構築的涼果供應體系，堪稱港式涼果的業界命脈。他在中國內地多個城市及傳統果品產區均建立契約農場網絡，同時開拓東南亞優質果源，形成跨越地理疆界的多軌果品原料供應鏈。

位於深圳大鵬的工廠亦配備科學檢測儀與食品實驗室，以科學化品控實現傳統工藝的現代轉譯。從青梅的糖度篩選到黃皮的纖維軟化，每項參數均精準對接後端涼果廠的定製需求，這種「客製化涼果供應」模式，使全港的涼果製品皆或多或少蘊含著華泰興港式涼果的工藝基因，猶如無形的浮水印鐫刻在香港滋味記憶之中。

▲ 製作結合傳統高温製法安全衛生

楊師傅默默耕耘數十載，已然成為港式涼果行業發展的關鍵推手，業界盛傳「未經華泰興淬鍊的果胚，終究欠缺港味的魂」，正是對其工藝標竿地位的最佳註解。

面對全球化飲食浪潮的衝擊與洗禮，楊師傅以「新舊共治」的獨特哲學，為傳統涼果文化開闢嶄新的維度。這不僅僅是對傳統技藝的堅守，更是對創新精神的大膽探索。他並非墨守成規，而是積極擁抱時代的變革，努力將傳統涼果與現代飲食文化巧妙融合，創造出令人耳目一新的味覺體驗。

目前，工廠也正積極投入研發，致力於開發一系列兼具創新與傳統元素的產品。例如，他們大膽嘗試將濃郁醇厚的朱古力（CHOCONEXT）與清甜爽口的涼果完美結合，嘗試碰撞出意想不到的味蕾驚喜；同時，他們也將目光投向糕點領域，探索涼果與不同糕點的搭配，力求在口感和風味上達到最佳平衡；此外，他們更著眼於將傳統涼果與日益興盛的茶文化相融合，創造出更具文化底蘊和品味層次的飲品和點心組合，讓消費者在細品茶香的同時，也能品嚐到涼果的獨特風味。這些創新嘗試，不僅豐富了涼果的產品線，更展現了他們對傳統文化的深刻理解和對現代市場的敏銳洞察。

楊師傅的努力與付出，終將獲得廣泛的認同與讚譽。他不僅希望將涼果的文化價值傳承到下一代，更希望將這份獨特的飲食文化帶給香港大眾，讓更多人能夠體驗到涼果的美味與精髓。這不僅僅是商業上的成就，更是對中華飲食文化的一種貢獻。透過數代涼果達人不懈的努力，港式涼果這項傳統飲食智慧，在當代的語境下，被賦予了新的生命力，續寫著屬於它獨特的文化敘事，並在全球化的舞台上，展現出其獨特的魅力與價值。

這份堅持，不僅體現在產品的創新上，更體現在對傳統技藝的傳承和對文化底蘊的尊重上。楊師傅的努力傳承，也為其他傳統飲食品牌提供了寶貴的借鑒與啟示，證明了傳統與創新並非對立，而是可以完美融合，共同創造出更輝煌的未來。

未來，華泰興將繼續秉持著新舊共冶這個理念，在傳承中創新，在創新中傳承，將港式涼果的文化精髓傳播到世界的每一個角落。

第 1 章 陳皮梅

涼果之王・陳皮梅

涼果，泛指經加工處理後，可長期保存的果乾或蜜餞。而蜜餞，因其獨特的「漬」製工藝，在涼果家族中佔據著特殊的地位，其製作過程較之一般的果脯更為繁複精細。製作蜜餞不僅需要糖的甜潤，更需要酸、鹽等調味品的巧妙搭配，以及其他風味配料的精準調和，才能成就其誘人的色澤、香氣與口感。這些工序的精妙組合，賦予了蜜餞獨一無二的風味層次，也使其成為涼果中的佼佼者。

陳皮梅，當之無愧地成為蜜餞類涼果的代表之作。陳皮，歷經歲月洗禮，飽含時間的沉澱與荏苒，其獨特的苦中帶甘的滋味，與梅子的酸甜交融，在味蕾上譜寫出一曲五味雜陳的交響樂章。這份複雜的風味，恰如人生百味，耐人尋味，令人回味無窮。

作為香港傳統的涼果，陳皮梅的製作過程一絲不苟，需經過繁複且耗時的工序。正是這份對品質的執著追求，成就了陳皮梅獨特的香氣、口感與風味，使其深受香港市民及世界各地遊客的喜愛，成為香港涼果文化的靈魂所在，甚至可謂其精髓所在。

陳皮梅的精髓，毫無疑問地蘊藏於其陳皮醬之中。然而，陳皮醬的製作並非簡單地將陳皮泡水搗爛即可。上乘的陳皮醬，需要經過多道嚴謹的工序，並由經驗豐富的師傅悉心調配，方能達到最佳的風味平衡。這其中，包括陳皮的選材、浸泡時間的精準控制、以及不同配料的比例調整等環節，都極其考究。

例如，陳皮的年份、產地，都會影響其最終的風味；浸泡時間過長或過短，都會影響陳皮的軟硬程度及釋放出的香氣；而配料的比例，則直接決定了陳皮醬的酸甜苦辣鹹的比例，以及整體的風味層次。因此，一瓶上好的陳皮醬，不僅是陳皮的簡單加工，更是時間、技藝與經驗的完美融合，是陳皮梅靈魂的所在。製作過程中，師傅們往往會根據當日氣候、原料狀況等因素微調配料比例，力求達到最佳狀態，這也正是陳皮梅手工製作的魅力所在。這種精細的工藝，也體現了香港涼果製作的傳統與匠心。

楊師傅四十年如一日地堅持親力親為，親自參與每一道工序，更親自試味，不斷調整自家秘方的陳皮醬，力求其味道與品質始終如一。這份對品質的執著，正是他們得以屹立不倒的基石。在各種瓜果蜜餞的製作上，其實都擁有獨特的秘方與精湛的手藝，然而，其中最受推崇、享譽盛名的，莫過於被譽為「涼果之王」的陳皮梅，而支撐起這「涼果之王」的，正是楊師傅獨家秘製的果胚底料 —— 陳皮醬。

陳皮醬在整個陳皮梅的生產流程中扮演著至關重要的角色，其獨特的配方與製作工藝，是楊師傅近四十年來積累的寶貴資產，也是其核心競爭力所在。這份秘方，不僅是幾種簡單材料的堆砌，更是他幾十年經驗的結晶，包含了對食材的精挑細選、對火候的精準掌控、以及對時間的精妙把握。其獨特性使其無法被輕易複製或竊取，成為他的獨家秘寶，也是其產品品質的堅實保障。這份秘方，不僅體現了楊師傅對傳統技藝的傳承與創新，更代表著一種對品質的堅守與執著，這也是公司品牌的核心價值所在。正是憑藉著這份獨特的陳皮醬秘方，其陳皮梅才能始終保持其獨特的風味與口感，贏得廣大消費者的青睞。而這份秘方，也將繼續成為港式涼果持續發展的動力，一代代傳承下去。

楊師傅的陳皮醬底料，被譽為「黃金底料」，並非浪得虛名。它不僅是製作陳皮梅的根本，更是賦予陳皮梅其獨特風味與口感的靈魂所在。這份「黃金底料」的配方，經過楊師傅及其團隊數十年來的不斷優化和調整，早已達到爐火純青的境界，確保了最佳的口感和品質的穩定性。每一次生產，他都對陳皮醬底料的製作過程進行嚴格的監控，確保其卓越的品質和批次間的一致性，這也是對產品品質的堅實保證。

楊師傅對陳皮醬底料的重視，不僅體現在對秘方的嚴格保護上，更體現在對整個生產流程的精細監控之中。從原材料的選擇開始，他就堅持選用最優質的陳皮和其他配料，並運用精密的工藝和世代相傳的傳統製作方法，將這些上乘的原料，轉化為頂級的「黃金底料」。只有這樣，才能確保產品始終保持其獨特的風味和卓越的品質，這也是品牌信譽的基石。

楊師傅的陳皮醬底料秘方，是他們數十年來珍貴經驗和辛勤努力的結晶，更是他們對品質的堅守和對傳統製作工藝的承諾的最佳體現。無論是在製作陳皮梅，還是其他涼果產品時，這份「**黃金底料**」都是關鍵元素，它為每一款涼果產品都賦予了獨一無二的特色，也正是這份獨特的風味，迷倒了無數消費者的味蕾，奠定了華泰興在涼果市場上的領先地位，並使其

這份「黃金底料」充滿汗水及堅毅精神。

成為香港涼果文化的代表之一。這份「黃金底料」的價值，遠遠超越了其本身，它代表著港式涼果的品牌精神和文化底蘊。

對於第二代掌舵人楊文聰先生（「阿聰」）來說，陳皮梅的味道，不僅僅是兒時的甜蜜記憶，更是父親楊強漢師傅畢生的堅守，並為品牌注入靈魂的獨特風味。這份獨特的味道，與市面上其他陳皮梅相比，究竟有何不同？阿聰略帶感性地回答道：「也許，多了一點點童年回憶的獨特滋味，也許，多了一點點父親對涼果製作的堅持與情懷吧！」他的話語中，不僅包含了對父親的敬意與對家族事業的熱愛，更道出了陳皮梅的精髓所在。

這份獨特，並非單純的口感差異，而是體現在對傳統技藝的堅持、對品質的嚴苛要求，以及對每一顆陳皮梅的用心製作之上。它是一種無法量化、卻能深刻感受到的溫度與情感，是幾十年如一日的匠心精神的體現，也是港式涼果故事的一部分。這份獨特性，或許難以用言語完全描述，卻能讓每一位品嚐過陳皮梅的人，都感受到其中蘊含的深厚情感與獨特的風味層次，這也是陳皮梅歷久彌新的原因。這種獨特性，不僅體現在口感上，更體現在其背後的故事和情感上，使其成為超越產品本身的存在。

陳皮梅的獨特之處，還體現在其果核上。不同於其他蜜餞，陳皮梅保留了梅子的果核。在品嚐陳皮梅時，可以細細品味這顆果核，廣府話中稱為「梅」（音近「啜」），這也是一種別具風味的體驗。更重要的是，通過「梅」果核，可以有效地辨別陳皮梅的品質優劣。

一顆上乘的陳皮梅，其果核在嚼破後，內裡會充滿汁液，這充分體現了涼果師傅精湛的製作技藝。陳皮醬和糖漿是否能充分滲透至梅子果核，是影響陳皮梅風味、品質和口感的關鍵因素。這需要涼果師傅在製作過程中，精準掌控火候和時間，確保梅子充分吸收醬料的精華。因此，「**以核味定優劣**」是一種古老而有效的品質檢驗方法，它能直接反映出陳皮梅是否經過了足夠時間的熬煮，以及製作過程中的細緻程度。

工廠的涼果師傅們，對此尤為重視，他們在製作過程中，注重每一個細節，力求將陳皮醬和糖漿的味道完美地融入梅子之中，從而確保每一顆陳皮梅都能達到最佳的品質和口感。這不僅是一種對品質的追求，更是一種對傳統技藝的傳承和對消費者負責的態度。因此，陳皮梅的風味，不僅僅是美味可口、對健康有益，更蘊含著深厚的文化底蘊和匠人精神。這顆小小的果核，也因此成為評判陳皮梅品質的重要標誌，體現了楊師傳對品質的執著追求。

陳皮梅的外觀，也與季節的溫度和氣候變化息息相關，這也是其獨特魅力的一部分。在夏季和秋季初期的高溫環境下，陳皮梅的表面通常會呈現出一種潤澤的光澤，這是因為糖分和水分的平衡作用。而到了秋冬季節，由於氣溫下降，陳皮梅表面的水分會相對減少，因此觸感會更加結實，口感也會更加Q彈，呈現出與夏季不同的風味。

值得一提的是，在冬季低溫的環境下，陳皮梅表面有時會出現一層白色的霜狀結晶，這並非發霉，而是果酸與糖鹽結晶體的自然現象，是陳皮梅品質優良的標誌。消費者可以完全放心享用，不必擔心其品質問題。這種自然形成的白霜，反而更能體現出陳皮梅的天然與純淨，也為其增添了一份獨特的視覺效果。因此，觀察陳皮梅表面的狀態，不僅能判斷其品質，更能感受到大自然的饋贈與歲月的痕跡。這種季節性變化所帶來的口感和外觀上的差異，也正是陳皮梅獨特的魅力之一。

獅子山下香港情

談及楊強漢師傅的入行經歷，他樸實地說道：「當時沒想太多，只要有工作就行！」這句話，簡單卻飽含著香港人特有的「獅子山下精神」：勤奮、務實、不畏艱辛。正是憑藉著這份簡單而堅定的信念，楊師傅踏入了涼果行業，並將其一生的心血都傾注其中，成就了一番事業。

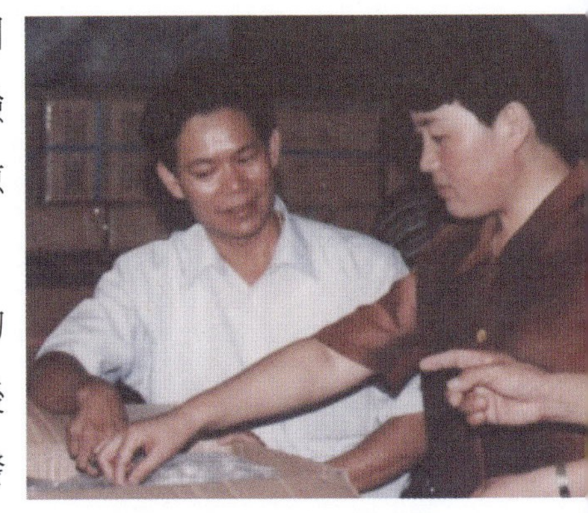

在七、八十年代初期，楊師傅開始了他的涼果生涯。他追隨一位經驗豐富的老闆，在西貢一帶學習製作涼果，從一名普通的「學師仔」（學徒）做起，當時主要學習的正是陳皮梅的製作工藝。這段學徒生涯，為他日後創立華泰興，並將陳皮梅製作技藝發揚光大，奠定了堅實的基礎。這段經歷，不僅磨練了他的技藝，更培養了他對涼果製作的熱情和堅持，也為他日後獨創的陳皮醬秘方埋下了伏筆。楊師傅那時並不知道，這份看似普通的「工作」，將會改變他的一生，成就他作為涼果大師的輝煌。

在那個年代，師傅對學徒的教導非常嚴格，這不僅僅是技藝的傳承，更是傳統手藝精神的延續。這種師徒關係，承載著一份沉甸甸的責任和期許。當被問及是否感到責任沉重時，楊師傅卻輕描淡寫地說：「其實還好，我只是想把工作做好，用心製作每一顆涼果就夠了。」然而，這份看似簡單的回答，卻蘊含著他對工作的認真和對傳統手藝的敬畏。師傅的教誨，學徒自然不敢怠慢，每一項任務都必須按時完成，甚至要主動思考如何完善細節，力求完美。這種對完美的追求，正是傳統手藝精神的精髓所在，其重量，遠非言語所能形容。

楊師傅的學徒生涯長達十幾年，這段時間裡，他從一個懵懂的學徒，成長為獨當一面的涼果大師。這期間的辛酸與不易，或許只有他自己才能體會。但最重要的是，他始終保持著「邊做邊學」的勤奮態度，這也是他成功的關鍵。楊師傅將這份勤奮和對工藝的追求，融入到每一顆陳皮梅的製作中，也正是這種精神，造就了其陳皮梅的獨特風味和品質。他將傳統技藝與現代精神完美融合，成就了今天的華泰興。

香港涼果的原材料，例如梅子、李子（如南華李、雙華李等）、檸檬、薑、仁稔、橄欖等，主要來自中國內地。內地從五十年代開始，就逐步形成了涼果的種植和加工產業。在香港的七、八十年代，本地涼果製作主要依賴從內地工廠直接進口涼果半成品。

以陳皮梅為例，當時香港的涼果廠大多使用內地生產的陳皮梅半成品，稱為「開胃果」。而楊師傅的陳皮醬則別具特色，採用五年以上兩廣（廣東和廣西）柑橘皮製作。這些柑橘皮經過天然太陽曬乾，期間不斷翻曬，以確保其香氣四溢且不發霉。然後，經過細心的篩選、清洗、浸泡、輕柔攪拌和獨特的秘方調味，最終製成獨特的陳皮醬。這獨特的陳皮醬與梅子一起醃製，再加入其他配料，最終製成深受消費者喜愛的陳皮梅。這整個過程，體現了楊師傅對品質的嚴格要求和對傳統技藝的堅持。從原材料的選擇到最後的成品，每個環節都經過精心打磨，確保每一顆陳皮梅都擁有其獨特的風味和品質。

楊師傅在七十年代中期從廣東移居香港，他來港後的首份工作就與涼果行業結緣。那個時期，大部分涼果的製作都依賴純手工藝，這也體現了傳統涼果製作的獨特價值和精湛技藝。再以陳皮梅的製作工藝為例，其製作過程極其繁複，例如傳統的「**九蒸九曬**」陳皮製作方法，就充分體現了傳統涼果製作的精髓。

首先，甜梅子需要經過殺菌和反覆煮製。然後，將熬製好的陳皮磨成陳皮醬，再與事先糖醃好的甜梅子混合，比例需恰到好處。之後，需要將混合物進行天然曬乾，這一步驟非常關鍵，需要根據天氣情況調整時間。如果遇到陰雨天氣，曬乾過程就需要延長甚至暫停，這也增加了製作的難度和時間成本。最後，工人需要手工進行包裝。

陽光普照
是曬涼果
的好日子。

整個陳皮梅的製作過程漫長而艱辛，從殺菌、熬煮、混合到曬乾、包裝，每個環節都需要匠人們的細心和耐心。這不僅是技術的積累，更是對傳統技藝的堅守和對品質的追求。每一顆陳皮梅的背後，都凝結著匠人們的汗水、心血、用心和付出，這也是陳皮梅珍貴之處。

涼果製作是一個需要耐心和細心的過程，涼果師傅和工人們需要細緻地照料每一個步驟。然而，在整個製作過程中，楊師傅最重視的是環境衛生。由於涼果屬於食品，衛生安全至關重要，必須嚴格把控。只有在確保衛生條件達到標準後，師傅們才會開始手工製作，力求每一個步驟都能做到一絲不苟，為消費者提供安全放心的涼果產品。這體現了他對產品品質和消費者健康的責任感，也體現了其對食品安全的高度重視。這種對衛生的嚴格要求，也是華泰興陳皮梅品質保證的關鍵因素之一。

經過十餘載寒窗苦練，至 1987 年，楊師傅終於學有所成，正式出師。這段時間的辛勤付出，不僅磨練了他的技藝，更奠定了他日後創業的堅實基礎。然而，單憑精湛的技藝並不足以成就一番事業。機緣巧合之下，楊師傅與友人們暢談合作，共同探討涼果生意的可行性。這場看似偶然的會面，卻成為了他人生道路上一個重要的轉捩點。朋友們的積極參與，不僅提供了資金和人脈的支持，更重要的是，為其提供了將多年所學付諸實踐的機會。

憑藉著在香港習得的傳統涼果製作技藝，以及十多年如一日的刻苦鑽研，楊師傅對涼果製作的理解已達爐火純青之境。正值中國大陸改革開放的蓬勃發展時期，這股席捲全國的浪潮為他提供了絕佳的創業環境。他敏銳地抓住了這千載難逢的機會，毅然決然地選擇在內地尋找合適的廠址，並創立了華泰興食品製造廠。這不僅是一家工廠的誕生，更是楊師傅多年心血的結晶，也是他對涼果事業的執著追求的開始。

1986 年之後，股份製改革的浪潮席捲中國企業界，越來越多的企業開始嘗試股份製改革，探索更有效的經營模式。隨後，1993 年十四屆三中全會明確提出國有企業改革的方向是建立現代企業製度，這為民營企業提供了更清晰的發展方向和政策支持。國家政策的逐步放鬆和完善，為公司的發展提供了強大的助力，讓其得以在更系統、更規範的環境下蓬勃發展。

楊師傅深知，僅靠精湛的技藝並不足以長久立足。他將在香港學習到的傳統技藝與不斷創新的理念相結合，並積極吸納現代企業管理經驗，使公司在激烈的市場競爭中穩步前行。他不僅注重產品品質的提升，更注重企業的長遠發展，一步一個腳印，不斷完善企業的管理體系和生產流程。

正是憑藉著這種務實的態度和精益求精的精神，楊師傅最終在涼果行業站穩腳跟，成為行業內不容忽視的中堅力量，並為整個涼果產業的發展做出了積極貢獻。

華泰興食品製造廠的創立之初，沿襲了當時許多香港商人慣用的「前舖後廠」經營模式，將生產和銷售緊密結合，有效地控制成本和提升效率。這種模式在當時的市場環境下，展現出其獨特的優勢，為工廠的早期發展奠定了堅實的基礎。然而，工廠的成功並非僅僅依靠這種模式，更重要的是其背後楊師傅的匠心精神和對產品品質的嚴格把控。

改革開放初期，內地市場對高品質食品的需求日益增長，而楊師傅恰好抓住了這個機遇。他憑藉著多年的經驗積累和精益求精的態度，對涼果的生產過程進行了嚴格的監控，從原材料的選取到生產流程的每個環節，都力求做到盡善盡美。他尤其重視食品衛生安全，在當時衛生意識尚未普及的環境下，這一點顯得尤為重要，也為楊師傅贏得了良好的口碑和消費者的信賴。

正是因為楊師傅對產品品質的執著追求和對食品安全的嚴格把關，他的涼果產品才能在眾多競爭者中脫穎而出，逐漸贏得了市場的認可，其涼果產品不僅品質上乘，更因其獨特的風味和傳統的製作工藝而備受消費者青睞。憑藉著過硬的產品品質和良好的市場口碑，楊師傅在涼果行業很快便站穩了腳跟，並迅速崛起，最終以其領先的技術、卓越的品質和精湛的工藝，在之後的歲月中獨領行業風騷，成為行業的領頭羊，樹立了業界的標杆。這不僅是他個人努力的成果，更是其團隊共同奮鬥的結晶。

楊師傅的涼果製作技藝，堪稱香港涼果業的瑰寶，其精湛技法歷經數代匠人薪火相傳，凝聚了無數的心血與智慧，更蘊含著深厚的文化底蘊。楊師傅對涼果製作懷抱著近乎虔誠的熱情，他不僅將祖輩傳承下來的技藝融會貫通，更憑藉著敏銳的觀察力和不懈的創新精神，將涼果製作推向更高的境界，其獨到的配方和精妙的工藝，至今仍是業界的標竿。

而第二代傳人阿聰，則承襲了爸爸的匠人精神，並在傳統技藝的基礎上，不斷探索和改良，使他們的港式涼果不僅保留了傳統的風味，更增添了現代的元素，成為香港涼果界的一張閃亮名片。這些涼果製作技藝，不僅是美味的秘訣，更是香港涼果業彌足珍貴的文化遺產。

楊師傅的成功並非一蹴可幾，而是他多年來堅持不懈，克服無數艱辛的結果。他見證了香港涼果業從露天暴曬的原始狀態，到如今擁有現代化日光廠房的巨大轉變。這不僅體現了時代的進步，更彰顯了楊師傅與時俱進的開拓精神。他始終堅持符合現代衛生標準和規範，為消費者提供安全、健康的涼果產品，這份責任感和執著，也正是華泰興得以長盛不衰的基石。他所做的不僅僅是製作涼果，更是將傳統技藝與現代科技完美融合，創造出兼具傳統風味與現代品質的優質產品。

時至今日，仍能堅持傳統涼果製作的業者已寥寥無幾，楊師傅的成功更顯彌足珍貴。這份堅持，源於他和兒子阿聰對傳統技藝的熱愛，更源於他們對社會的責任感和回饋之心。他們不僅用心製作每一顆涼果，更致力於支持上游果農的發展，為農民們提供穩定的銷售渠道，回饋社會，將一份份甜蜜與溫暖傳遞給更多的人。

楊師傅的成功，不僅僅是商業上的成功，更是對傳統技藝的堅守，對社會責任的踐行，以及對香港文化的傳承。他們的故事，值得我們細細品味，並從中汲取力量。

★陳皮梅的涼果小百科★

陳皮梅，這顆看似平凡的小小涼果，卻蘊藏著精湛的製作技藝與悠久的文化底蘊。其精妙之處，不僅在於選材的嚴苛，更體現在繁複精細的製作工序中。製作陳皮梅，首先需選用肉質細膩、飽滿多汁的優質梅子，經過反覆篩選、漂洗、挑揀，去除雜質與損壞的果實，只留下最上等的原料。隨後，便是技藝精湛的打皮、日曬、糖漬等工序，每一道工序都需精益求精，才能確保陳皮梅的品質。海鹽打皮，不僅能去除梅子的澀味，更能使果肉更加緊實；日曬，則能讓梅子充分脫水，保留其原有的風味；而糖漬，則賦予陳皮梅甘甜的口感。有些工序，甚至需要重複十餘次，才能達到最佳效果。

然而，陳皮梅的獨特風味，更源於那濃郁醇厚的陳皮醬。經過長時間的發酵與熟成，陳皮醬散發出獨特的陳皮香氣，與梅子的甘甜交融，形成一種令人回味無窮的絕妙滋味。將浸漬糖液的梅子與陳皮醬混合後，還要放入瓦缸中，反覆醃製十多次，讓陳皮醬的香氣與梅子的甜味充分融合，濃縮出陳皮梅獨特的風味。這個過程，不僅需要時間的沉澱，更需要匠人的耐心與經驗。瓦缸的材質，醃製的時間長短，甚至翻攪的力度，都會影響最終的口感與品質。最終完成的陳皮梅，果肉黏軟，入口甘甜，並帶有濃郁的陳皮香氣，其口感層次豐富，令人回味無窮。不僅如此，陳皮梅還具有開胃生津、化痰、消胃脹氣等多種功效，尤其適合夏季或食慾不振時食用。無論是作為餐後開胃小點，或是炎炎夏日消暑解渴的佳品，陳皮梅都是一道令人難以抗拒的美味涼果。

優質陳皮梅的鑒別，並非僅憑藉外觀，更需細細品味其內在品質。以下幾點特性，是辨別優質陳皮梅的重要指標：

1. **入口Q彈，口感絕佳**：優質陳皮梅的果肉，入口Q彈，富有嚼勁，絕非軟爛無力或過於堅硬。這種恰到好處的口感，源於精準的製作工藝和對時間的掌控。過軟的陳皮梅可能表示醃製時間過長或保存不當，而過硬則可能表示醃製時間不足或選材欠佳。因此，Q彈的口感，是優質陳皮梅的首要標誌。

2. **果肉緊實，渾然一體：**優質陳皮梅的果肉與果核緊密相連，幾乎沒有任何空隙。這表示在製作過程中，梅子充分吸收了陳皮醬的精華，果核中的營養成分也完美融入果肉之中，使得整體風味更加濃郁醇厚。若果肉與果核之間存在明顯空隙，則表示製作過程中可能存在瑕疵，風味也相對遜色。

3. **果肉飽滿，果核細小：**這是選材和製作工藝的雙重體現。優質陳皮梅通常果肉飽滿碩大，而果核卻相對細小。這不僅增加了食用時的滿足感，更體現了生產者對原料的嚴格篩選和對品質的要求。果肉與果核比例的完美平衡，是優質陳皮梅的又一重要標誌，也是行業內頂尖品質的象征。大而飽滿的果肉，不僅口感更佳，也代表著梅子本身的品質優良，營養成分更為豐富。

所以，鑒別優質陳皮梅，需要綜合考慮口感、果肉與果核的結合程度以及果肉與果核的比例，才能真正體會到其精湛的製作工藝和卓越的品質。

第 2 章 話梅

香港涼果文化發展的源流

話梅，總有一種複雜難以言喻、細膩難以形容、且妙不可言的味道，其酸甜交織的口感，更能生津解渴，令人回味無窮。豐富多彩的「話梅味」，或酸、或鹹、或甜，皆源於包裹著眾多涼果的根本 —— 梅子本身獨特的風味與精湛的製作工藝。

從青絲到白髮，數十年光陰荏苒而過，楊師傅對涼果製作技藝的熱情卻始終如一，從未改變。他頭上斑白的髮絲，如同話梅外層那層晶瑩剔透、白皙如雪的話梅粉一般，不僅是華泰興的招牌門面，也是他們開拓海外市場、揚名國際的金字招牌，更深刻地象徵著香港悠久而深厚的涼果文化歷史底蘊。這份執著，如同話梅那層層疊疊的風味，經久耐人尋味。

時光荏苒，數十載光陰飛逝，香港的涼果行業亦經歷了興衰起伏，潮起潮落。昔日街頭巷尾常見的飛機欖如今已成絕響，那曾響徹街頭的賣欖歌聲也漸漸淡去，其他各式涼果也僅僅在飲苦茶時作為佐茶的送口小食，偶爾一嘗而已。香港涼果昔日輝煌的景象，如今已漸漸消散，昔日盛況令人唏嘘不已。如今，想要品嚐正宗的港式涼果，更多只能在台灣、新加坡、馬來西亞等地，尋覓到那些懷舊的老華僑店家，才能繼續傳承這份獨特的風味，令人不勝感傷。這份文化的流失，如同老街舊巷的凋零，令人惋惜。

楊師傅回想起創業之初，華泰興不過是街頭巷尾常見的「車仔檔」，以家庭作坊式經營，將自家製作的涼果透過多元管道銷售，包括傳統中藥房、琳琅滿目的零食小店、熱鬧非凡的出口批發集市、各式零售商舖，以及同行之間的批發等。更甚者，他們也將產品批發給各大型批發商，再由這些批發商轉口至海外市場，當時在上環永樂街一帶，便可見其蹤影。

到了八十年代末期，隨著中國大陸改革開放的蓬勃發展以及國家政策的大力支持，楊師傅將生產重心轉移至深圳，先是以合資合作的方式經營工廠，爾後則轉為獨資經營。深圳工廠生產完成的各式涼果，則經由便捷的陸路運輸，源源不斷地運送回香港銷售。而他們在八、九十年代初期的主要客戶，則涵蓋了各式各樣的零售商，例如遍佈街頭巷尾的「車仔檔」、傳統藥材店、隨處可見的士多，以及規模較大的食品批發商等，其銷售網絡之廣泛，可見一斑。

當時的香港社會正處於蓬勃發展的階段，與此同時，來自日韓的糖果、薯片以及歐美地區的巧克力等進口零食，尚未在香港普及。因此，各式各樣的廣式涼果，便成為香港市民日常生活中常見的美味小食，深受大眾喜愛，尤其是在當時的「工廠妹」中，更是備受青睞，成為她們最為鍾愛的日常零嘴。這也反映出當時香港社會的消費習慣與市場需求。

在這樣的社會背景下，香港涼果業整體生意興隆，業績斐然。每逢農曆新年等傳統節慶旺季，許多涼果店鋪更是訂單滿滿，應接不暇，甚至出現供不應求的盛況。這也連帶影響到涼果生產工廠，經常出現趕工不及的狀況。

有鑑於此，楊師傅積極投入培養下一代涼果技師，也就是俗稱的「學師仔」，一方面可以有效減輕工廠的生產壓力，另一方面更重要的是希望能將製作嶺南涼果這項傳統技藝薪火相傳，肩負起傳承這份珍貴民間文化歷史的責任與使命。這份對傳統技藝的堅持與守護，更顯珍貴。

香港涼果的產業化

隨著時代的進步，涼果的生產製作過程也日益產業化，楊師傅的主要客戶也從最初的「車仔檔」和零散的零售戶，逐漸轉變為大型企業集團和知名公司。業務的持續擴張，更突顯了發展內地廠房的迫切需求，這不僅是為了滿足日益增長的市場需求，更是為了提升生產效率和規模，以應對激烈的市場競爭。這種轉變，也反映出香港涼果產業的整體發展趨勢。

最初在深圳鹽田設立的廠房，與現在位於深圳大鵬的廠房相比，規模顯然小得多，空間也相對狹窄。更重要的是，當時的廠房只是租賃的，並非他們自有的產業。此外，九十年代初期的交通運輸網絡遠不如今日發達便捷，楊師傅每次往返於羅湖火車站和深圳鹽田之間，單程至少就要花費一個半小時，可見當時交通的局限性對生產和管理帶來的諸多不便。

根據楊師傅的回憶，當時深圳的廠房大約僱用了六、七十名工人。每週，深圳廠房需要將五到十噸重的涼果運送至香港，通常需要一到兩次運輸。這樣的貨運量，對於當時的廠房來說，已經算是相當可觀的規模了，反映出其業務的穩步發展。到了九十年代初期，香港市民對涼果產品的需求持續增長。為了滿足市場需求並擴大內地生產規模，楊師傅承包了惠州的一間廠房，逐步擴建了涼果的生產線，這也為其涼果食品業務的穩步提升奠定了堅實的基礎。

華泰興食品製造廠擴建廠房後，生產力顯著提升，產量日益攀升。最初，每週的出貨量僅為五至十噸，以卡車為運輸單位。然而，隨著生產規模的擴大，產量迅速倍增，很快便達到每週十五至二十噸的水平，但仍以卡車為主要的運輸工具。

▼ 擴建後的深圳廠房

此後，涼果廠的生產線持續優化，產能更進一步提升，每週出貨量穩步增長至五十至六十噸。更值得一提的是，海外市

場的積極拓展也為公司帶來了豐厚的訂單，使得每週的出貨量已無法單純以卡車計算，改以四十呎貨櫃為單位進行運輸，充分展現了公司業務的蓬勃發展和強勁的市場競爭力。

即便廠房產品線多元，其銷售冠軍寶座始終由兩款傳統嶺南涼果 —— 陳皮梅和嘉應子牢牢佔據。在公司發展的巔峰時期，每週的涼果總產量至少達到一百噸，其中陳皮梅和嘉應子便佔據了三十噸的份額，足見其深受消費者喜愛，市場佔有率之高令人矚目。此外，一款被香港人趣稱為「老鼠屎」的陳皮丸（台灣則稱之為「富陳粒」、「富陳條」或「富陳丸」）也同樣熱銷，更勾起了許多七、八十後消費者珍貴的童年回憶，成為公司產品線中的經典之作。

除了陳皮梅和嘉應子外，檸檬和檸汁薑也穩坐暢銷產品的行列，長盛不衰。這些涼果不僅風味獨特，酸甜爽口，令人回味無窮，更兼具多種保健功效，深受消費者青睞。甚至連楊師傅本人也是這些產品的忠實擁躉，每當感到口乾舌燥之際，總會取出一顆陳皮梅或檸汁薑，細細品嚐，生津解渴，舒緩身心，為繁忙的工作增添一份愜意。

隨著港式涼果產品在市場上逐步站穩腳跟，奠定穩固的市場地位，楊師傅於九十年代初便開始積極尋找合適的地點擴建廠房，以提升生產線的規模和效率。位於深圳大鵬的新廠房於九十年代中期正式投產，其規模之大，僅包裝梅子的工人便多達二百餘人，令人印象深刻。除了滿足龐大的本地市場需求外，他們的涼果更主要出口至台灣，因此訂單經常供不應求，展現出強大的市場競爭力和品牌影響力。

深圳廠房投產後，楊師傅為確保涼果的品質始終維持在行業最高水準，更著力於從源頭把控產品質量。他積極與各地瓜果農戶建立合作關係，直接採購原材料，力求實現從瓜果採摘到涼果製作的全過程掌控，確保每一道工序都符合嚴格的品質標準，真正做到全程監控，百分百保證產品品質。

二十世紀九十年代，一股嶺南涼果的熱潮席捲台灣。適逢其時，嶺南涼果的主要出口市場正是香港、上海和台灣，這使其產品順利搭上這波熱潮的快車，迅速佔據了台灣市場高達八成的份額。「華泰興涼果」一時之間聲名鵲起，風光無限。與之形成鮮明對比的是，香港的涼果市場則顯得相對低迷。據楊師傅回憶，台灣市場曾因海關政策的調整而一度影響了港式涼果的出口。然而，台灣消費者對港式的陳皮梅情有獨鍾，甚至在一段時間內，陳皮梅成為了台灣民眾節慶饋贈的熱門選擇，這也側面反映了港式涼果在台灣市場的深厚影響力和消費者的高度認可。這段經歷也充分說明了，即使面對外在環境的挑戰，優質的產品和穩固的市場口碑依然能夠為企業帶來持續的發展動力。楊師傅的成功，不僅僅是抓住了市場機遇，更體現了其產品本身的卓越品質和深厚的品牌積澱。

匠心工藝　堅持傳統的味道

「華泰興涼果」的金漆招牌之所以能夠享譽多地，與其對產品品質的嚴謹控制密不可分。每一道涼果製作工序都經過嚴格的把關，絲毫不敢懈怠。為最大程度地保留瓜果的天然風味，楊師傅堅持沿用傳統工藝，即使這種方法耗時費力，也從未動搖。這種對品質的執著追求，正是他成功的基石，也是其涼果品牌長盛不衰的秘訣。以涼果的製作過程為例，其對品質的追求體現在每個細節之中。

首先，新鮮採摘的瓜果需要仔細去除枝葉雜質，然後經過嚴格的篩選分級，確保每一個進入生產流程的瓜果都符合標準。接下來，漂洗工序去除瓜果表面的灰塵和泥沙，之後再以海鹽進行徹底的殺菌處理，這一步驟至關重要，直接關係到涼果的品質和保質期。隨後，便是漫長的醃製過程，至少需要四十五天，這期間需要無比的耐心和細致的呵護。

醃製完成後，瓜果還需要經過充分的曝曬，使其完全乾燥，並再次進行高溫殺菌，以確保產品的衛生安全。僅僅是這些關鍵步驟，涼果的製作時間就已超過六十天。如此漫長的製作周期，充分體現了楊師傅對產品品質的堅定承諾和對傳統工藝的堅持。而工廠的瓜果加工，也始於一系列精密的處理程序。首先，清洗乾淨的新鮮瓜果會被送入流水線，經過高效的削皮、去核和切片機進行初步加工，確保每一片瓜果都大小均勻，厚度一致。

隨後，這些瓜果片進入關鍵的殺菌環節，以保障產品的品質和衛生安全。此步驟並非簡單的消毒，而是採用了獨特的工藝，以天然海鹽的強大殺菌力為核心。海鹽不僅能有效清除瓜果表面的細菌和微生物，其天然礦物質還能滲透瓜果組織，在殺菌的同時，更能提升涼果的風味層次和口感，並有效延長其保質期，確保消費者享受到最新鮮、最美味的產品。整個過程嚴格按照食品安全標準執行，為消費者提供高品質的健康食品。

完成殺菌程序後，瓜果片便進入漫長的醃製工序。它們被細心地浸漬於特選的海鹽中，這個過程至少需要四十五天，甚至更久，才能讓海鹽充分滲透瓜果的纖維組織，釋放出瓜果自身的天然甜味，並與海鹽的鹹味完美融合，成就其獨特的風味

• 楊師傅監製檢視腌製過程

層次。這段時間，不僅是瓜果風味的沉澱期，更是其口感和質地的塑造期。

長達數週的醃製，讓瓜果的組織結構發生微妙的變化，變得更加緊實，口感也更加豐富多層次，每一口都能品嚐到鹹甜交織的滋味，以及瓜果本身的清香與細膩。

經過耐心的浸漬，瓜果已充分吸收海鹽的精華，接下來，它們將迎來最後一個重要的步驟：曬乾。這也並非簡單的晾曬，而是一個精準控制的過程。為了去除多餘水分，並確保涼果達

▲ 師傅忙於把涼果晾曬

到最佳的乾燥度和耐久性，廠房選用了特定的曬乾場所，這裡環境通風良好，陽光充足。瓜果片被薄薄地平鋪在乾淨的曬架上，讓陽光和空氣可以充分接觸到每一寸果肉，在自然風乾的過程中，水分緩慢蒸發，同時，瓜果的風味也得到進一步的昇華，變得更加濃郁醇厚。

最後一道工序，是再次進行高溫殺菌。為了確保產品的衛生安全和延長其保存期限，這是所採取的必要關鍵步驟。經過精密的溫度和時間控制，高溫殺菌能徹底消滅任何殘留的細菌和微生物，有效避免後續的腐敗變質，確保涼果的品質穩定性和口感持久。這一步驟，不僅是對產品安全的最後一道防線，更是對高品質的最好詮釋，讓消費者可以安心享用每一顆美味、健康的涼果。整個過程，從精挑細選的原料到嚴格把控的生產流程，都體現了楊師傅對品質的執著追求。

綜上所述，港式涼果的製作過程，並非簡單的流水線作業，而是集精湛技藝與耐心等待於一體的匠心之作。從最初的原料選擇到最後的高溫殺菌，每一個環節都經過精心設計和嚴格把控。漫長的醃製時光，以及對陽光和空氣的精準利用，都體現了楊師傅對品質的執著追求。正是這種對細節的苛求和對時間的尊重，才成就了港式涼果獨特的風味和令人愉悅的口感，也讓每一顆涼果都承載著匠人對品質的堅守和對美味的熱忱。這份耗時費力的匠心，最終凝練成令人回味無窮的美味佳餚。

在快節奏的現代商業社會，效率至上，許多企業都在追求快速生產、降低成本。然而，楊師傅卻堅守著傳統的涼果製作工序，這在當下顯得尤為珍貴。當被問及為何堅持如此耗時耗力的傳統方法時，他斬釘截鐵地給出了答案：「我們堅持傳統工藝，是因為我們拒絕使用人工色素和防腐劑！」這句話擲地有聲，不僅體現了楊師傅對產品品質的堅持，更彰顯了他對消費者健康的高度負責。在利益至上的時代，他選擇了更艱辛卻更負責任的道路，這份堅持，不僅是對傳統技藝的守護，更是對每一位消費者健康和信任的堅定承諾。這份責任感，也正是港式涼果獲得廣泛好評和持續支持的關鍵所在。

楊師傅目光如炬，凝視著工人們熟練的雙手，將一筐筐新鮮水靈的瓜果和各式的中藥材，細緻地加工成色澤誘人的涼果。這畫面，正是港式涼果傳承的縮影。楊師傅始終堅守著這道古老的工藝，力求最大程度地保留瓜果的天然風味，讓每一顆涼果都散發著田園的清香。因此，他盡可能地減少食品添加劑的使用，而是選擇以天然為主的輔料，精心配製。這樣不僅能使涼果保持其傳統的風味，更重要的是，確保了涼果的品質安全，讓消費者食之安心，回味無窮。

以製作話梅為例，楊師傅摒棄了人工色素和防腐劑的添加，改以甘草等多種中藥材為基底，進行傳統的醃製工序。這道工序極其考究，需要時間的沉澱和經驗的累積。

話梅經過初期的中藥材醃製後，會分階段進行「食糖」處理（**編按：即以糖醃製，務求令食糖後的話梅可以多添一抹清甜的口感！**）。完成「食糖」步驟後，話梅便可在陽光下自然晾曬。這看似簡單的一步，卻是決定話梅最終品質的關鍵。陽光、空氣、時間，三者交融，賦予話梅獨特的色澤和風味。在楊師傅的技藝傳承下，他的港式涼果堅持這種全天然的古法製作，成就了其歷久彌新的獨特風味。

時至今日，楊師傅依然堅守著最初的承諾：絕不添加任何防腐劑，只為呈現涼果最天然、最健康、最美味的本真風味。這份對傳統的堅守與對品質的執著，讓他們的港式涼果在競爭激烈的市場中，依然獨樹一幟，成為了一道亮麗的風景線，也贏得了無數消費者的信賴與讚譽。他們不僅僅生產涼果，更是在傳承一種文化，一種對健康及品質的崇拜。

★話梅的涼果小百科★

話梅，一般會選用個頭碩大、色澤青翠的優質青梅為原料，經由匠心獨運的傳統工藝精製而成。這道工序不僅保留了青梅的天然原味，更使其果肉飽滿，色澤晶瑩剔透。

製作過程的每個環節都經過嚴格把控，從梅子的挑選、清洗、醃製到最後的晾曬，都力求完美，以確保最終產品達到上乘品質。其獨特的口感，完美詮釋了「**酸爽中透著甘甜**」的味覺體驗，酸甜適中，層次豐富，在味蕾間綻放出令人難以抗拒的魅力，令人回味無窮，愛不釋手。這種精緻的製作過程和獨特的口感，成就了話梅在眾多涼果中的卓越地位。

古人為解決鮮果不易保存的難題，智慧地將其製成涼果，以延緩腐敗，留存果實的美味。在廣式涼果種類繁多的世界裡，青梅以其果大核小、肉厚汁豐的特點，脫穎而出，成為製作涼果的理想原料。而眾多青梅製品中，話梅更是聲名遠播，享譽盛名。「**十蒸九曬，數月一梅**」，這句俗語精煉地概括了話梅繁複精細的製作工藝，道出了其甘甜爽口的美味背後，所蘊含的漫長時光與匠心獨運。每一顆話梅，都凝聚了製作者的辛勤汗水和對品質的精益求精，才能成就其乾爽甜美的絕佳口感。

當然，話梅的用途遠不止於直接食用，它更是烹飪和飲品製作中的靈魂佐料。話梅可以巧妙地融入各式菜餚，提升菜餚的風味層次，亦可製成酸梅湯、話梅茶、話梅酒等飲品，各有千秋，風味獨特。

例如，將話梅粉與西瓜搭配，便能創造出令人驚豔的味覺體驗。此外，對於喜愛飲用白酒的朋友而言，話梅更是一種獨特的佐酒佳品，不僅能緩解酒後的辛辣感，去除酒毒，更能為白酒增添一絲酸甜的別樣風味，提升飲酒的整體享受。從未嘗試過的朋友，下次不妨一試！

第 3 章

嘉應子

涼果・香港時代變遷的見證人

一層、一層又一層

嘉應子，其產品外層以多層包裝紙包裹，層層開啟，宛如揭開一層層神秘的面紗。第一層包裝紙是產品的說明，同時保護著內層產品，確保嘉應子完好無損；第二層的包裝紙則方便使用者取用，可輕易撕開，用於吸取多餘水分，甚至可用於簡單地擦拭嘴角或雙手；最內層的保鮮膜則起到保濕保鮮的作用，確保嘉應子的新鮮與口感。

三層面紗之後，將那黑亮誘人的蜜餞送入口中，細細咀嚼。甘甜的滋味在舌尖蔓延，試圖迅速壓下先前中藥那揮之不去的酸苦澀味，這便是當下大多數香港人對嘉應子的普遍印象 —— 一種既熟悉又親切的解藥，用其香甜來撫慰味蕾。然而，這僅僅是嘉應子在現代香港社會應用的一個面向。我們或許可以更全面地認識嘉應子，不僅僅是作為一種甜食，更是一種承載著歷史與文化的珍貴遺產。

良藥雖苦口難嚥，但凡在香港求診於中醫者，對那入口即

蓋散裝、裸裝以及貼牌加工等多種模式，為其他品牌提供穩定的涼果供應。這段時期積累的生產經驗和市場洞察，為日後自家品牌的成功奠定了堅實的基礎，也為其後續的品牌策略提供了寶貴的參考。然而，從批發走向零售，這不僅僅是銷售渠道的改變，更是商業模式的全面升級，需要港式涼果在品牌塑造、市場營銷、產品研發等方面投入更多精力和資源，這段轉型之路，充滿了挑戰與機遇。

因此，九十年代對於楊師傅而言，無疑是具有里程碑意義的轉折點。為適應市場需求和提升產品定位，公司開始實施分級品牌策略，巧妙地將產品劃分至不同市場層級。其中，「華泰」和「華泰興」品牌定位高端，主要供應機場等高檔消費場所的出口商戶;「華泰行」則面向超市和商店等中端市場;而「廣順發」品牌則專注於藥材店等更為細分的市場渠道。這種分級策略有效地提升了品牌形象，並精准地鎖定了目標客群，最大限度地發揮了不同產品線的市場潛力。這不僅僅是簡單的品牌命名，更是楊師傅對市場深刻洞察和精準運營的體現。

楊師傅在當時的成功，很大程度上歸功於其獨特的一條龍產業模式，實現了從生產、批發到零售的全產業鏈整合。這不僅體現在其完整的業務流程上，更體現在其對生產成本的精細化控制上。由於擁有自設果園，公司能夠直接掌控原材料的採購和品質，從源頭上降低生產成本。這種垂直整合的優勢，使其能夠生產出高性價比的涼果產品，並以更具競爭力的價格，滿足不同渠道分銷商和客戶的需求，從而奠定了其市場領先地位。

與此同時，公司亦開始嘗試積極推動產品革新，力求在傳統工藝的基礎上，融入現代健康理念，打造出更符合現代消費者需求的產品。這項革新不僅體現在原料選材的嚴控上，更體現在涼果製作工藝的全面升級上，與業界普遍做法大相徑庭。

其中最顯著的變化，莫過於對糖的運用。傳統涼果製作往往大量使用糖分，而楊師傅則另闢蹊徑，在後期製作過程中，巧妙地運用多種中藥材入餞，有效降低了對糖分的依賴。這源於他對中華傳統醫理的深入理解：自古以來，許多中藥材就以其獨特的養生功效而聞名。在當今社會日益重視健康飲食的大環境下，楊師傅順應時代潮流，率先推出了低糖涼果系列，不僅滿足了消費者對健康生活的追求，更體現了企業積極承擔社會責任的理念。此舉不僅提升了產品的競爭力，更贏得了消費者的信賴，實現了企業與消費者之間的雙贏局面。這項創新，不僅僅是對傳統涼果製作工藝的改良，更是對健康飲食理念的一次積極踐行。

然而，二十一世紀的到來，伴隨著席捲全球的日韓文化浪潮，香港的社會文化環境也因此產生了深刻的變遷，衣食住行各個方面都受到了不小的影響。零食產業作為文化交流的前沿陣地，更是首當其衝，面對來勢洶洶的日韓零食的強勁競爭，傳統的港式涼果產業不得不重新思考自身的發展方向，尋求突破與創新之路。如何在保留傳統風味的同時，適應現代消費者的口味偏好和健康需求，成為擺在港式涼果產業面前的一大挑戰。

傳統涼果與日韓零食

面對來自日韓零食日益強大的競爭壓力，楊師傅精闢地指出傳統涼果行業的核心困境：缺乏有效的市場推廣和品牌塑造。香港年輕一代對涼果的冷淡態度，並非源於涼果本身缺乏吸引力，而是長期以來，港式涼果欠缺一個系統性的市場推廣策略，致使年輕消費者對其特點、功效、文化底蘊以及食用價值知之甚少，更談不上產生購買慾望。這種缺乏有效的溝通和宣傳，直接導致了港式涼果在年輕一代消費者中的市場份額逐漸萎縮，與日韓零食形成鮮明對比。

日韓零食的成功，很大程度上歸功於其精準的目標市場定位和積極的品牌營銷策略，這正是港式涼果行業亟需學習和借鑒之處。因此，要扭轉現狀，傳統涼果行業必須積極探索創新

潤的嘉應子定然不會陌生。嘉應子雖與中藥材一般，皆呈黑褐色澤，然其口感卻與中藥截然不同：中藥多味苦澀，難以下嚥；而嘉應子則甘甜芳香，齒頰留香，回味無窮。中藥的苦澀與嘉應子的甘甜形成鮮明對比，一苦一甘，相輔相成，恰似人生旅途，先經受苦楚煎熬，方能體會甘甜滋味的彌足珍貴。服藥之時，先嚐中藥之苦澀，繼而以嘉應子之甘甜緩解，此番苦甘交替，恰如人生百態，先苦後甘，方顯人生真諦。一劑良藥，佐以一顆嘉應子，便將人生的酸甜苦辣，濃縮於這小小的藥與糖之間，令人回味無窮。

◀ 從往時至今，中藥店仍會附送嘉應子或山楂餅送藥，用作沖淡苦味，同時伴隨著濃郁的人情味。

楊師傅的涼果事業，看似一路坦途，實則與嘉應子一樣，甘苦與共，其間所歷程，值得一一細細品味。早在九十年代，鑑於業務蓬勃發展的趨勢，他便開始著手打造自家的零售品牌，這標誌著其商業模式的重大轉型。在此之前，楊師傅主要專注於批發業務，為眾多食品廠商提供代工生產服務，產品形式涵

的推廣模式，提升品牌形象，才能在激烈的市場競爭中佔據一席之地，並將這份珍貴的傳統美食文化傳承下去。

楊師傅深諳市場營銷之道，自然也認同日韓零食在宣傳推廣上的成功策略。然而，與這些新興的舶來品相比，傳統港式涼果在包裝設計和市場推廣方面顯然存在不足，極需革新升級，方能煥發新的生機。涼果產業的發展潛力巨大，但目前仍有許多可以改進的地方。

儘管如此，港式涼果也擁有其獨特的優勢。與市面上充斥著各種添加劑的零食不同，涼果以其純天然的成分，展現出顯著的藥用價值和保健功效。細細品味，涼果能生津解渴，佐餐則能健脾消滯，帶來身心愉悅的體驗。

反觀許多現代零食，往往添加了添加劑等對人體健康無益的成分。而楊師傅製作的傳統涼果，例如話梅薑和檸汁薑，則堅持採用純天然的製作工藝，以高溫煮製、鹽醃和日曬等傳統技法，最大限度地保留了薑的原有風味和營養價值，使其既美味可口，又益於身心健康。這種對傳統技藝的堅守和對品質的嚴格要求，正是港式涼果得以持續發展的基石。

★嘉應子的涼果小百科★

嘉應子，其製作過程精妙絕倫，堪稱涼果中的上品。選用上乘李子為原料，歷經回軟、反復日曬以及精細的糖漬等多道繁複工序，方能成就其獨特的風味與質地。這些工藝步驟，不僅考驗著製作技藝的精湛，更體現了對品質的嚴苛追求。經過如此悉心雕琢，嘉應子最終呈現出深邃的啡黑色澤，其外觀光潔潤澤，內裡質地軟糯，入口即潤，齒頰留香，令人回味無窮，其開胃之效更勝一籌。

嘉應子選用的上等李子，多產自廣東，以及福建、浙江等地所盛產的雙華李，亦稱南華李。此李品種皮薄肉厚，果肉細膩，性溫和，味道獨特，初入口略帶澀苦，回味卻是甘甜綿長，兼具滋補功效。李子蘊含的豐富營養成分，尤其具有造血養血的功效，對於貧血體虛者及畏寒體質人士，皆有益處。

李子作為嘉應子的核心原料，其營養價值極為豐富，富含維生素 C 及其他多種對人體有益的營養成分。食用李子能有效促進胃酸及消化酶的分泌，並能顯著增加腸胃蠕動，從而改善消化功能，增進食慾，對於腸胃功能較弱者尤為適宜。因此，以李子為基底製作而成的嘉應子，不僅美味可口，更兼具一定的食療價值。

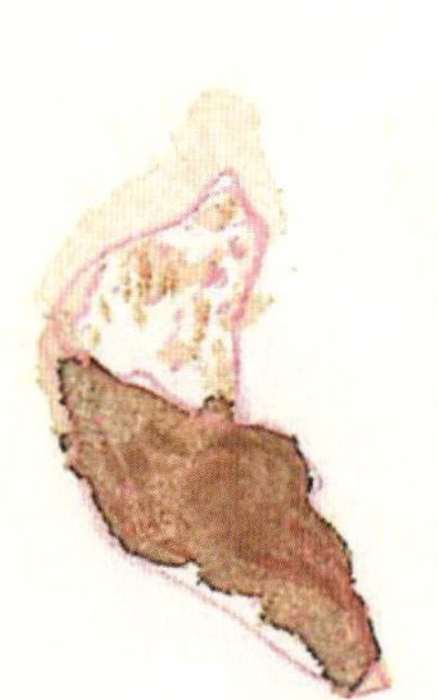

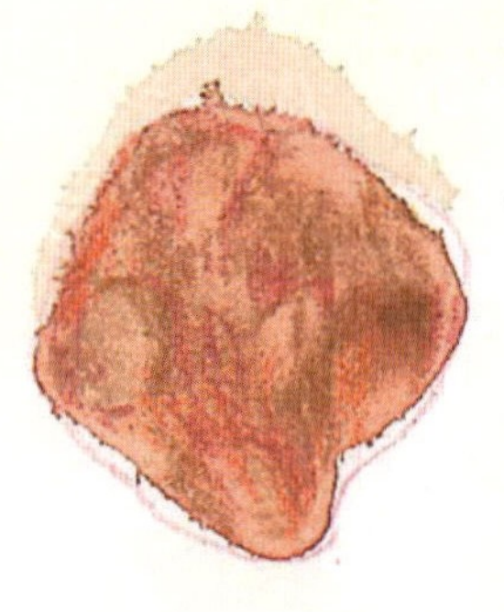

第 4 章
陳皮檸檬

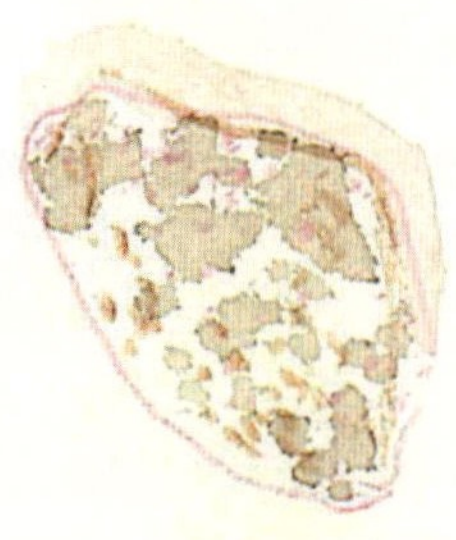

苦甘與共・父子傳承

陳皮檸檬，這項擁有悠久歷史的傳統涼果製作技藝，其精髓固然需要代代相傳，但同時也需要在傳統的基礎上不斷推陳出新，方能生生不息，發揚光大。楊師傅深諳此道，他不墨守成規，而是以傳統技藝為根基，以創新思維為翅膀，一方面精益求精，力求將傳統手工製作的精湛技藝完整保留，另一方面則站在現代消費者的角度，大膽突破傳統的製作理念和風味，最終研發出深受現代消費者喜愛的「冰糖燉陳皮檸檬」這一佳品。

這不僅僅是一種涼果的創新，更是對傳統技藝的致敬與昇華，體現了匠人精神與時代潮流的完美融合。楊師傅成功地將陳皮檸檬的醇厚甘香與冰糖的清甜細膩完美結合，創造出別具一格的味覺體驗，讓這份古老的美味在現代生活中煥發出新的光彩。

冰糖燉陳皮檸檬近年來成為養生市場的熱門產品，深受現代人青睞。現代都市生活節奏快，人們經常加班熬夜，積勞成疾，尤其在冬夏季節交替之時，更容易患上感冒咳嗽等疾病。

而冰糖燉陳皮檸檬，以其方便快捷的沖飲方式，以及化痰止咳、舒喉潤肺的功效，成為現代都市人滋補養生的理想選擇，溫暖身心，緩解疲勞。其溫和的特性，更使其成為四季皆宜的健康飲品。

如同冰糖燉陳皮檸檬一樣，傳統與傳承，始終是楊師傅事業發展中不可或缺的兩大基石，缺一不可。他深知，唯有在堅守傳統技藝的同時，不斷推陳出新，才能讓這份事業薪火相傳，生生不息。

早在兒子阿聰年幼時，楊師傅便已開始考慮如何將畢生技藝傳承下去。阿聰自小便耳濡目染，跟著父親出入工廠，參與涼果製作的每一個環節。因此，華泰興這個品牌，以及陳皮檸檬等涼果產品，早已深深融入阿聰的成長記憶，成為他生命中不可分割的一部分，亦如同阿聰的人生旅程一般，充滿著濃厚的親情與歲月沉澱的滋味。

童年歲月裡，每逢周末或節假日，阿聰總會依偎在父親的身旁，前往深圳的涼果工廠。在那裡，他得以親眼目睹師傅們精湛的技藝，見證一顆顆新鮮瓜果如何歷經繁複工序，最終蛻變為色香味俱全的涼果。從最初的清洗、切削、醃漬，到後續的熬煮、晾曬、包裝，每一個步驟都充滿了令人著迷的細節。阿聰不僅僅是旁觀者，更是積極的參與者，他會在父親的指導下，完成一些力所能及的輔助工作，例如清洗果實或協助包裝。

工廠裡，師傅們揮汗如雨，專注而熟練地進行著每一項操作，他們力臻完美的匠人精神，以及對傳統技藝的執著追求，深深地烙印在阿聰幼小的心靈。那景象，宛如一場精彩絕倫的技藝表演，每一雙勤勞的手，都訴說著涼果製作的悠久歷史和深厚文化底蘊。對於阿聰來說，這不僅僅是學習的過程，更是融入家族傳統，繼承非物質文化遺產的啟蒙。

作為涼果製作技藝的傳承人，阿聰似乎天生就與這份事業有著不解之緣。他血液裡流淌著涼果的「甘、甜、鹹、酸、濕」，這不僅僅是味覺的體驗，更是他與家族技藝，與這份事業密不可分的精神紐帶。這種與生俱來的聯繫，源於父親的言傳身教，也源於他童年時在工廠裡度過的那些難忘童年時光。 這些經歷，不僅塑造了他的性格，也為他未來在涼果製作領域的傳承與發展奠定了堅實的基礎。

傳承傳統與破格創新

阿聰不僅承襲了父親精湛的涼果製作技藝，更繼承了他那份勇於創新的精神。這份傳承，不僅僅是幾代人累積下來的配方和技巧，更是父親畢生對工藝的熱情與追求的體現。

作為一位八十後的年輕人，阿聰也曾深思熟慮，如何在這看似矛盾的命題 ——「傳統技藝的承傳與大膽創新的突破」—— 之間取得平衡。他明白，單純的複製黏貼，無法讓這份家傳技藝在現代社會繼續綻放光彩；而徹底的推翻革新，則可能遺失其精髓與靈魂。新舊兩代的思維碰撞，究竟該如何化解？這不僅是阿聰個人需要面對的課題，也是許多傳統手藝人共同的挑戰。如何讓父親的智慧與時代的脈搏同頻共振，是阿聰極待解決的關鍵問題。

誠然，阿聰在求學期間，並未抱持著一定要繼承家業的強烈想法。這並非他對家族事業漠不關心，而是因為華泰興的意義遠超乎一個單純的涼果品牌。「華泰興涼果」這五個字承載著深厚的中華飲食文化底蘊，代表著一門世代相傳的精湛技藝，更重要的是，它維繫著公司所有員工的生計。考慮到這些因素，無論是父親還是兒子，接手這樣重要的家族事業，都絕非輕率之舉，更非當時年少懵懂的阿聰所能輕易承擔的責任。這份責任的重量，如同涼果般，需要時間的沉澱與考量，才能做出最周全的決定。

此外，涼果行業與其他行業截然不同，並非輕易就能找到相關的專業人士諮詢，或查閱到系統性的書籍資料。涼果製作的技藝，往往是師傅們憑藉經驗摸索，一點一滴地累積而成，市場上目前也很缺乏完整的理論體系和教學資源。

因此，對於阿聰而言，華泰興涼果既熟悉又陌生，近在咫尺卻又遙不可及。他一方面感受到父親對這份事業的熱忱與奉獻，另一方面也意識到這項傳承的艱辛與挑戰，心中充滿著對父親的敬佩與對家族事業的複雜情感。這種既渴望又猶豫的情緒，如同涼果的酸甜滋味般，交織在他的心中。

然而，在父親的持續鼓勵下，以及在童年回憶與對涼果事業的深思熟慮中，阿聰最終決定完成學業後，接下父親手中的重擔，繼續守護並傳承這個在涼果界享譽盛名的品牌。這不僅僅是對父親的孝順，更是對家族事業、對中華飲食文化的責任與承諾，一份沉甸甸的期許，將在他肩上繼續延續。

江山代有才人出，阿聰作為新一代的掌舵人，在經營理念和策略上自然有其獨到的見解，面對公司和產品的革新，他將會展現出與父親不同的管理風格。那麼，作為經驗豐富的前輩，楊師傅又該如何適時地給予指引，既能尊重阿聰的創新，又能避免公司在變革中迷失方向呢？這需要楊師傅在傳承與創新之間取得微妙的平衡，將自身的經驗智慧，以潤物細無聲的方式，融入到阿聰的決策過程中，成為他堅實的後盾與智囊，而非直接干預其經營。這是一個父親與兒子，亦是師傅與徒弟之間，在事業傳承上的智慧交鋒與默契配合。

「包裝、製作流程、甚至核心技術，都必須改良！」阿聰語氣堅定地闡述著他的想法，「那些值得保留的優良傳統，我們必須好好守護；但任何不足之處，都不能視而不見，必須積極改進！」在阿聰接手公司的初期，楊師傅始終陪伴左右，提供最直接、最有效的指導，將多年累積的經驗與智慧傾囊相授。這不僅是父子之間的傳承，更是技藝的延續，是經驗與創新的完美結合。

歲月如梭，光陰荏苒，十餘年彈指一揮間。如今，公司的一切事務已完全交由阿聰一手打理，他已成為這家老字號涼果店的第二代掌門人，成功接棒父親的事業。促使他做出這個決定的，源於兩方面的深切體悟：「首先，我有感父親年事已高，依然辛勤勞作，兢兢業業，作為兒子的，我亦深感有責任為父親分憂解勞，將其精湛的涼果製作技藝傳承下去。」阿聰輕聲道出心中的想法：「其次，我自幼耳濡目染，對涼果行業有著深厚的感情，並由衷地喜愛著這份事業。這兩點共同促使我義不容辭地接下了公司的傳承重任，這份責任，不僅僅是對父親的孝道，更是對家族事業、對傳統技藝的堅守與傳承。」

阿聰的傳承之路，飽含著他對家族事業的深厚情感，這不僅僅是對父親事業的繼承，更是對父親精神的傳承。他肩負起公司的經營重任，同時也努力將父親的智慧和經驗薪火相傳，延綿不絕。阿聰秉承著父親兢兢業業的工作態度，全情投入，矢志守護港式涼果的傳統與價值，讓華泰興這個老字號的精髓得以延續，發揚光大。

成為涼果行業的接班人，阿聰心中充滿了熱愛與自豪。他深知這是一個需要耐心、細心和專業知識才能精耕細作的領域，而他恰恰具備這些必不可少的素質。從小耳濡目染，與涼果相伴成長，這種親密的接觸不僅讓他對涼果製作流程了如指掌，更讓他深深地愛上了這個行業，並將其視為畢生的事業。這種源自內心的熱愛，將成為他繼續前行的最強動力。

阿聰接手公司的決定，並非僅僅源於責任感，更是源於他對涼果行業的由衷熱愛。他願意肩負起傳承港式涼果傳統和價值觀的重任，這份傳承不僅僅是一種責任，更是一種自豪，是他對家族事業的貢獻，也是對父輩辛勤付出的最好回報。

憑藉著堅定的信念和無私的奉獻精神，阿聰持續推動著港式涼果的成長與發展。他如同父親一樣，兢兢業業，全心投入，不僅延續著傳統的精湛技藝，更為涼果行業注入了創新活力，不斷帶給消費者驚喜。阿聰堅信，憑藉自身的努力和堅持不懈的精神，公司必將在涼果界創造更加輝煌的未來，將這份港式涼果的傳奇繼續書寫下去。

然而，接手家族生意後，阿聰也開始切身體會到涼果行業正面臨著青黃不接的困境，這是一個令人擔憂的現象。隨著時代變遷和文明進步，年輕一代紛紛轉行，從業人員嚴重短缺，人才的缺乏正成為涼果行業萎縮的主要原因。這也讓他意識到，除了自身的努力，更需要積極尋求解決之道，才能讓這項傳統技藝繼續傳承下去。

首先，像阿聰這樣的同齡人，願意投入傳統涼果製作的年輕人少之又少。在同行間見到的，幾乎清一色都是「果二代」，這深刻地反映出傳統涼果產業正遭遇前所未有的挑戰。產業的式微，不僅體現在年輕人力資源的匱乏，更深層次地反映出市場競爭的激烈以及傳統技藝的傳承斷層。然而，即便面對如此艱鉅的局面，阿聰依然選擇回鄉接手家業。這份決定，並非僅僅是為了延續家族的涼果事業，傳承祖輩們流傳下來的精湛技藝，更是源於他肩負著維護傳統產業、守護文化遺產的責任感與使命感，一種深植於血脈中的家國情懷。

阿聰深知涼果產業的獨特價值與文化意義，並立志為其發展貢獻綿薄之力。然而，傳統技藝的傳承之路佈滿荊棘，眾所周知，願意投入涼果製作的年輕一代日益稀少，這對產業的永續經營無疑構成嚴峻考驗。然而，阿聰堅信，只要產業同仁攜手合作，積極採取具體措施，便能有效克服這些挑戰，為涼果產業注入新的活力，促進其蓬勃發展。他期盼將這份精湛的手藝和堅韌的精神薪火相傳，延續至下一個世代，最終實現產業的復興，讓涼果產業再次熱鬧非凡，如同眾星雲集的盛大舞台，「多人做戲、多人看」，吸引更多人參與其中，也吸引更多人欣賞這份獨特的文化瑰寶。

因此，這些年來，阿聰勤於鑽研，不斷提升自身的技藝，同時積極與其他涼果職人合作，共同探索創新技法與經營模式，期盼能為整個產業注入新的活力，推動其持續發展與進步。當前時代雖充滿挑戰，但也蘊藏著無限機遇。

阿聰深信，只要「果二代們」懷抱熱情，堅守毅力，便能攜手實現傳承與保育的共同願景，將這份珍貴的文化遺產延綿不絕地傳承下去，並開創涼果產業更加輝煌的未來。

仔大仔世界　正式交棒

「仔大仔世界啦！」楊師傅作為上一輩，深知公司的未來發展將主要由兒子阿聰主導。阿聰肩負著沉甸甸的責任與壓力，這不僅僅是對家族企業的責任，更是對涼果技藝傳承的重大使命。他必須在承擔家族事業的同時，亦需扛起振興涼果產業的重擔，這份責任的重量，遠超乎常人想像。

身為第二代掌門人，阿聰必須擁有獨立的思考與決策能力，才能引領企業和整個產業走向蓬勃發展。因此，楊師傅深知，作為上一代，他所能做的便是從旁協助與支持，提供必要的技術指導與建議，成為兒子堅實的後盾。更重要的是，他明白必須學會放手，尊重阿聰的決策與行動，為兒子營造一個更能自主發展、自由成長的企業環境，讓年輕一代在實踐中展現才華，開創屬於他們的新時代。

「當然，這並不容易！」楊師傅望著未來，期盼著港式涼果和兒子阿聰都能持續發展壯大。「因為我相信，放手也是一種信任的表現。我要相信阿聰擁有足夠的能力和智慧，去應對未來各種挑戰與困境，並做出正確的決策。」他默默地呢喃自語。然而，身為父親，楊師傅也深知，在必要時刻，他將義不容辭地挺身而出，為阿聰提供及時的協助與支持，如同磐石般守護著他，守護著這份家族事業和代代相傳的涼果技藝。

涼果產業的變遷，讓「果二代」這個詞彙漸漸蒙上了一層稀有的色彩。如今，在許多同行紛紛選擇退出市場的艱困環境下，像阿聰這樣依然親力親為，堅持傳統製作技藝的年輕一代，更是鳳毛麟角，彌足珍貴。他們不僅承擔起家族事業的重任，更肩負著守護傳統涼果技藝的使命，這份堅持與努力，值得我們由衷的敬佩。我們應該給予這些勇敢承擔責任，並致力於傳承精湛技藝的「繼承者們」最熱烈的掌聲與支持，讓他們的努力得到認同與鼓勵，使這份珍貴的涼果文化得以薪火相傳，延綿不絕。

這些「果二代」的身影，不僅代表著一種珍貴的品質——對涼果製作的熱忱與堅持，更象徵著一種難能可貴的精神傳承。他們不僅是家族事業的繼承者，更是涼果技藝的守護者，將代代相傳的技法與經驗，透過自己的雙手，精雕細琢在每一顆涼果之上，並在過程中不斷地推敲、改良，力求將涼果的精髓與美味完整地呈現。正是因為他們的堅持與努力，我們才能夠繼續品嚐到真正純正、令人回味無窮的涼果美味，感受這份世代相傳的匠心獨運。

在這個商業化浪潮席捲全球，工業化生產模式日益盛行的時代，這些「果二代」的堅守，更顯得難能可貴，並在我們心中激起一種獨特的共鳴與認同。他們的努力與堅持，不僅值得我們大力支持與鼓勵，更值得我們深思與學習。他們不僅僅是涼果產業的經營者，更是中華飲食文化與傳統技藝的守護者，默默地維繫著這份珍貴的遺產，讓傳統的滋味與精神得以延續。他們的付出，不僅僅是為了生計，更是為了守護一份對技藝的熱愛，一份對傳統文化的責任。

讓我們再次為這些「果二代」們獻上最熱烈的掌聲，給予他們應有的肯定與支持！他們是時代浪潮中，堅守傳統技藝的匠人，是那些在快速變遷的世界裡，依然默默耕耘，守護著傳統工藝與文化精髓的人們。他們的堅持，讓我們相信，傳統與精湛的手藝，不僅具有重要的價值，更具有無可取代的魅力。讓我們攜手努力，共同守護這份珍貴的技藝傳承，讓這份獨特的涼果美味與文化底蘊，得以生生不息，綿延不絕，代代相傳。

★陳皮檸檬的涼果小百科★

陳皮檸檬，選用優質泰國青檸為原料，以精湛工藝悉心製作而成。其主要成分為陳皮與青檸，經由獨特配方調配，製成色澤褐啡，光亮誘人的涼果。濃稠的陳皮醬裹覆其上，散發著誘人的光澤。入口之際，陳皮的醇厚香氣與青檸的清新酸味交織融合，甜味恰到好處，口感獨特，層次豐富，令人回味無窮。陳皮性溫味鹹，具有養脾護胃、寬中理氣、化痰止咳等功效；而檸檬性涼味酸，則能潤肺去燥、促進血管蠕動。陳皮檸檬巧妙地將兩者特性相結合，發揮出協同作用，酸甜適中，美味可口，更兼具食療功效。因此，陳皮檸檬不僅是一種風味獨特的涼果，其溫和的特性更能幫助改善腸胃不適，促進消化，對於消化不良等問題有一定的輔助作用。值得注意的是，此處所述功效僅供參考，並非醫療建議，如有相關疾病，仍需諮詢專業醫生。

第 5 章 甘草檸檬

創新求變也要融匯互補

甘草檸檬，這款獨特的港式涼果，巧妙地融合了甘草與檸檬的風味，成就了一種令人難以忘懷的味覺體驗。其口感層次豐富，先嚐到檸檬的酸爽，緊接著是甘草的甘甜回韻，兩種截然不同的味道在口中交融，碰撞出令人驚豔的火花。這種看似簡單的搭配，卻體現了港式涼果在食材運用上的精妙之處，以及對創新口味的不懈追求。

甘草，其藥食同源的特性早已深入人心；而檸檬，則以其清爽酸冽的滋味廣受喜愛。這兩種看似毫不相關的食材，在巧妙的配伍下，卻產生了「**一加一大於二**」的奇妙化學反應，創造出令人耳目一新的味覺盛宴。

在香港涼果的輝煌年代，甘草檸檬曾獨領風騷，一時無兩，成為遊客爭相購買的特色手信，也因此享譽國際。不僅如此，它更是老香港時代各界名流、社會賢達和演藝明星們的心頭好，許多知名歌手都將其視為珍貴禮品，饋贈親友，分享這份獨特的港式風味，使其更添一份文化底蘊與時代印記。甘草檸檬的盛行，不僅僅是味覺上的享受，更是一種香港文化符號的傳承與延續。

儘管香港涼果市場競爭激烈，各家業者卻並非彼此割喉，反而時常交流合作，好像甘草與檸檬般，互相砥礪，共同提升產品品質與服務水準。這種良性競爭的氛圍，促使整個行業不斷精進，在創新研發、生產技術和市場營銷等方面持續突破，共同推動港式涼果產業的蓬勃發展，並在國際舞台上展現其獨特的魅力與活力。

雖然香港的涼果文化在年輕一代中漸漸式微，但港式涼果產業鏈的完整保存，卻是一個令人讚嘆的現象。這不僅歸功於老一輩涼果師傅們的堅守與執著，更體現了行業內部互補合作的默契與力量。

如同甘草與檸檬的完美融合，涼果從業者們透過頻繁的交流與合作，不斷提升技藝，精益求精，並積極創新產品，以滿足不斷變化的市場需求和消費者的多元口味。這種合作共生的模式，不僅維繫了傳統技藝的傳承，更賦予了港式涼果產業新的生命力與競爭力。

正是這種持之以恆的改進與創新，才使得港式涼果文化得以在當代社會繼續延綿不絕。而這一切，都離不開一代又一代涼果師傅們的辛勤付出與默默奉獻。他們憑藉著多年的經驗積累和精湛技藝，不僅將傳統技法完整地傳承下來，更不斷推陳出新，使港式涼果不僅保留了其傳統韻味，更能與時俱進，滿足現代消費者的需求，最終使其成為香港文化中不可或缺的一部分，並持續散發著獨特的魅力。

在舊時的香港，社會風氣淳樸，人們的生活步調緩慢而踏實，鮮有投機取巧之舉，更多的是腳踏實地、埋頭苦幹的精神。在這樣簡樸卻也充滿韌性的社會氛圍下，楊師傅便是其中最能體現老香港人精神的縮影，他們在獅子山下默默耕耘，展現出令人敬佩的拼勁和堅持。

阿聰憶起童年時光，除了中秋佳節和農曆新年等重要節慶外，爸爸幾乎全年無休，這種勤奮工作的態度，不僅是阿聰的童年記憶，更是那個年代無數香港人的真實寫照，也深刻體現了香港人堅毅不拔的性格。他們以辛勤的汗水，構築了香港的繁榮基石。

楊師傅坦誠地說道：「勤奮不懈的工作，不僅僅為了養家餬口，更重要的是為了確保自家產品的品質。」作為一家食品生產公司，食品安全更是重中之重，因此身為老闆必須事事親力親為，親自把關每一環節，力求盡善盡美。

在楊師傅看來，公司寧願少賺一些錢，也不願為了降低成本而犧牲產品品質，生產出不符合規格的食品。消費者食品安全是公司的首要考量，也是公司立足的根本。楊師傅斬釘截鐵的回應道：「如果為了追求更高的利潤而忽略食品安全，那將是本末倒置，最終只會損害品牌聲譽，得不償失！」長遠來看，唯有堅持品質，才能贏得消費者的信任，建立穩固的市場地位。

「**一分錢、一分貨！**」這句話在華泰興涼果身上體現得淋漓盡致。楊師傅深信，唯有選用上乘原料，製作出頂級產品，才能贏得顧客的真心讚許，每一分錢的利潤都建立在顧客滿意的基礎之上。他從不為了一點蠅頭小利而降低產品品質，更不會有絲毫偷工減料的念頭。

「堅持」是經商的信條，

也是其「成功」之根本！

在楊師傅的悉心經營和親力親為下，公司始終秉持著「良

心製作，健康為先」的理念，以精湛的工藝和優質的原料，為消費者帶來健康美味的享受。這種堅持，不僅贏得了廣大消費者的信賴，更培養出一批忠實的顧客群體，他們口耳相傳，將港式涼果的美譽傳播開來。如今，公司的港式涼果已遠銷海外，遍佈台、新、美、加等市場，成為享譽國際的知名品牌。

每當消費者走進商店，選擇琳琅滿目的涼果時，許多人會毫不猶豫地選擇華泰興涼果，這不僅僅是對產品品質的認可，更是對公司多年來堅持良心製作的肯定與褒獎。這份信任，是公司最寶貴的資產，也是他們持續努力、精益求精的動力。楊師傅的經營哲學成功地證明了：「誠信經營，品質為先，才能在市場競爭中立於不敗之地，並最終獲得長久的成功！」

經營哲學　同行多合作

華泰興，不僅僅是擁有自家品牌的企業，更是整個涼果行業中舉足輕重、備受推崇的領航者。其卓越的涼果製作工藝，以及始終如一的優質產品，不僅贏得了廣大消費者的青睞，更讓同業們對其深厚的產業積累和悠久的傳承歷史充滿敬仰之情。企業的成功，不僅體現於其自身的輝煌業績，更在於其對整個行業的積極貢獻和引領作用，成為眾多同行學習和效仿的對象，默默地推動著整個涼果產業的發展和提升。

在公司的經營哲學中，楊師傅與阿聰深諳合作共贏之道，明白與同業的良好關係是企業持續發展的基石。他們不僅積極與其他同業分享工廠在涼果製作方面的專業知識和豐富經驗，更樂於提供技術協助和資源支援，將自身成功的經驗與同行分享，共同提升整個行業的水平。

作為行業的領頭羊，楊師傅並非獨善其身，而是充分發揮自身優勢和專業才華，以實際行動擔當起推動整個港式涼果行業蓬勃發展的重要角色，展現出大企業的社會責任感與業界領袖的胸襟。

楊師傅的優質產品不僅贏得了消費者的廣泛讚譽，更得到了同業的高度認可和由衷的讚賞。其精湛的傳統工藝與嚴格的品質管控體系，確保了每一款涼果產品都達到卓越的品質水準。這些產品不僅在市場上取得了令人矚目的成績，更成為其他同業爭相學習和效仿的標杆，樹立了行業的品質典範。許多同行視他為學習的榜樣，積極尋求合作機會，期望借鑒其先進的技術和管理經驗，提升自身的產品品質和市場競爭力，共同推動整個港式涼果行業的進步與發展。

楊師傅在涼果行業中的重要地位，並非僅僅體現在其備受讚譽的產品上，更體現在其對整個行業發展所做出的巨大貢獻和深遠影響。他們與同業之間的緊密合作與相互支持，有效促進了行業技術的交流與提升，推動了整個行業的共同進步與繁榮。作為同業們值得信賴的重要夥伴，楊師傅憑藉其卓越的產品品質、積極的合作態度以及對行業發展的貢獻，在業界贏得了無與倫比的良好聲譽和口碑，成為行業發展的堅實力量和可靠支柱。

由此可見，華泰興的意義遠遠超越一家普通的涼果生產企業，它已成為整個行業的中流砥柱，是同業們學習和借鑒的典範。精湛的傳統工藝、對品質的追求以及對行業發展的積極貢獻，使其成為涼果同業們心目中的楷模和堅實的支持對象。楊師傅及其公司所作出的貢獻，不僅深刻地影響著整個行業的發展方向，更在同業心中留下了不可磨滅的印記，成為業界發展史上的重要篇章。

涼果界的金漆招牌

「過去，許多涼果行家在品牌尚未打響名號之前，便已將我們公司視為主要的供應夥伴。」楊師傅語氣中帶著幾分得意，「甚至有些行家，直到面臨政府部門的產品質檢時，才會臨時改用我們的產品以應付查驗。」這其中的緣由，顯而易見。

華泰興以其業界頂尖的產品品質，贏得了廣泛的信賴，成為涼果業者在追求卓越品質時的堅實後盾，也成為他們在關鍵時刻的可靠保障。這不僅體現了他們產品的優越性，更反映出其在業界建立起的良好口碑和信譽，讓業者們在追求產品品質和品牌信譽的道路上，更有底氣和信心。

踏入二十一世紀，隨著監管機構對食品衛生規格的要求日益嚴苛，維持食品品質的穩定性成為業界普遍面臨的重大挑戰。然而，這對楊師傅而言，影響卻微乎其微。

因為自辦廠以來，公司始終秉持著「三不加原則」：一不添加人工色素、二不添加防腐劑、三不添加保鮮劑。而這「三不加」所涵蓋的正是政府部門嚴格監管的化學添加劑，這也讓公司在面對日益嚴峻的食品安全監管環境時，能從容應對，並持續保持其產品的優良品質和市場競爭力，更奠定了其在業界的領先地位。這不僅體現了公司對產品品質的堅守，更彰顯了其對消費者健康與安全的責任感。

公司在涼果生產過程中，為確保產品安全衛生，採用一系列傳統的消毒殺菌和保鮮工藝。這些方法不僅有效地保障了產品的品質，更避免了化學添加劑的使用，使其更符合現代消費

採摘新鮮原材料，確保品質優良。

者對於健康和環保的追求。與依靠化學添加劑的現代化生產方式相比，傳統工藝更為天然、安全，也更能體現其對產品品質和消費者健康的重視。這種堅持傳統與創新的結合，也成為他們在市場競爭中的一大優勢。

舉個例子，首先，楊師傅秉持著天然、健康的理念，會選用上等的天然甘草和海鹽作為保鮮劑。這些天然材料透過獨特的防腐程序，不僅有效延長產品的保質期，更能完整保留產品的天然風味與新鮮口感，讓消費者品嚐到最原始、最純粹的美味。此法雖較為費時，但他始終堅信，天然的保鮮方式才能真正保障產品的品質與安全。

除了天然保鮮，廠房更採用高溫殺菌技術，徹底消滅潛藏的細菌和病毒，確保產品的衛生安全。此高溫殺菌過程雖需要較長時間，但寧可犧牲部分生產效率，也要確保產品達到最高的衛生標準，為消費者提供最值得信賴的產品。這也意味著涼果的生產成本較高，人力投入也遠超同業。

然而，楊師傅從不以降低成本為由犧牲產品品質。他堅持「**品質即生命**」的理念，從不偷工減料，即便產品生產過程繁複，耗時費力，他依然堅持產品不落地曬、細工多做的生產理念。這份對品質的執著，正是他們得以屹立不搖，並贏得消費者信賴的關鍵。

憑藉這些獨到的生產方法，楊師傅的涼果產品始終保持著高品質和健康，不僅贏得了同業的尊重與讚譽，更深受消費者喜愛。這些方法不僅符合現代人對健康和環保日益增長的需求，更樹立了港式涼果產品生產的新典範，展現了傳統工藝與現代理念的完美融合。

這樣的成功案例有力地證明：採用天然材料和傳統工藝生產涼果，不僅能確保產品的品質和安全，更能兼顧環境保護與永續發展，為產業帶來正面且長遠的影響。這不僅是一種商業模式的成功，更是一種對傳統技藝的傳承與創新。

華泰興的涼果產品，與其他業者最大的區別，並非僅僅在於產品本身的風味，更體現在其生產理念上：「我們更加注重產品的健康與環保。」一般涼果產品為了縮短生產周期，快速搶佔市場，往往會大量使用化學添加劑，例如防腐劑和人工色素，以在短短十多天內完成從原材料到成品包裝的整個流程。

然而，這種追求效率的生產方式，卻可能對消費者健康和環境造成潛在的負面影響，例如增加消費者的健康負擔或生產過程造成環境污染。

相較之下，堅持傳統的製作方法，則可以用時間換取品質和健康。這種傳統工藝的方法需要至少六十到七十天，甚至更長的時間，才能完成從原材料到成品的整個過程，這漫長的時光，也正是他們對品質和健康的堅守。這份堅持，體現在每一顆果實的細緻處理，每一階段的嚴格把關，最終呈現出天然、健康、美味的涼果產品。

儘管這種傳統生產方式需要更長的時間，甚至付出更高的時間成本和生產成本，卻能確保產品的健康與安全，並對環境更加友好，展現出可持續發展的理念。

漫長的製作過程，並非單純的等待，而是楊師傅對品質的嚴格把控，從精挑細選原材料開始，到每一個生產環節的細緻處理，都力求完美。這種生產方式不僅對產品本身產生積極影響——例如降低化學殘留，提升產品的天然風味和營養價值——更體現了他們對消費者健康的承諾，以及對社會責任的堅守。

拒絕使用化學防腐劑和人工色素，為消費者提供更健康、更天然的選擇，這不僅是商業策略，更是其企業文化和價值觀的體現，為消費者提供了更多值得信賴的選擇。這種堅持，不僅是對產品品質的追求，更是對消費者健康和環境保護的責任擔當。

因此，相較於其他涼果廠商，選擇華泰興產品的確成本較高，然而，這卻是物有所值的。他們始終秉持著誠信為本的經營理念，這份堅持可以追溯到九十年代，當時楊師傅便已開始嚴格篩選合作夥伴，去蕪存菁。

楊師傅僅與理念相符的業界翹楚合作，建立長期穩定的夥伴關係。這也意味著，只有同樣以誠信為本，並對產品品質有著同樣高要求的食品企業才能持續合作。正是這種去粗取精、嚴格把關的態度，造就了其涼果在業界有無可比擬的高品質，並使其逐漸成為涼果領域中的佼佼者。

時日漸久，越來越多的涼果業內人士積極尋求與楊師傅合作的機會，期望藉此研發更多、更優質的涼果產品，因為整個市場都深諳他在品質上的嚴格要求。

然而，他並非著眼於短期的品牌推廣合作，而是更看重與每位夥伴建立長期穩定的合作關係，共同打造更多高品質的涼果產品，進而攜手推廣香港涼果的獨特文化與精湛技藝。這種長遠的眼光與對品質的堅持，也正是楊師傅能夠成為港式涼果界領軍企業的關鍵因素之一。

儘管進貨的成本可能高於其他供應商，但華泰興涼果的卓越品質卻是業界一致認可的保證，這也是其價值所在。因此，只有那些同樣秉持著誠信經營理念的涼果業者才會選擇與楊師傅建立長期穩定的合作關係。許多合作夥伴深受他誠信經營理念的影響，他們同樣地更看重產品的品質與口碑，即使利潤空間相對較小，也願意堅持使用高成本的原料和生產流程，以確保產品的高品質。這也體現了楊師傅及其合作夥伴對品質的共同追求與堅持。

華泰興的涼果，早已成為業界誠信經營及品質保證的標竿。在廠房內，楊師傅親力親為，對每個生產環節都施行嚴格的品質管控，絲毫不肯妥協。他深信，唯有生產出頂級的產品，才能贏得客戶的信賴，才能確保企業的永續發展。這種堅持品質的精神，不僅體現在產品本身，更體現在企業文化之中，成為其核心競爭力。

楊師傅對產品選材的要求近乎嚴苛，生產工藝更是一絲不苟，每個產品都必須通過層層嚴格的品質檢測才能出廠。這套完善的品質保證體系，不僅讓其涼果在市場上贏得了一席之地，更使其成為許多客戶心中值得信賴的首選品牌。這種對品質的執著追求，也構成了一個重要的核心競爭力，使其在競爭激烈的市場中脫穎而出。

經商之道，並非單純的逐利行為，更應秉持良心，方能長久。楊師傅深明此道，他始終堅守誠信經營的理念，不僅自身力行，更以身作則，影響著無數涼果業同儕。這種良心經商的理念，不僅提升了涼果產品的品質，更塑造了整個行業健康、永續發展的良好生態。

正是基於這樣堅實的合作夥伴關係網絡，楊師傅得以在九十年代迅速拓展市場，在台灣和上海等地站穩腳跟，並最終成為涼果業界的領航者，其成就絕非偶然，而是源於長年累積的信譽和口碑。他的成功，也為其他業者樹立了典範，證明了誠信經營的重要性，以及其所帶來的豐厚回報，遠遠超越單純的利潤追求。

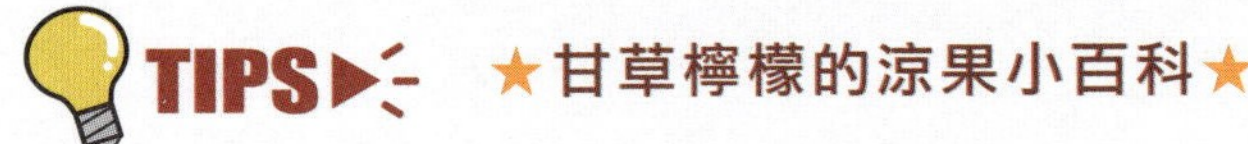

★甘草檸檬的涼果小百科★

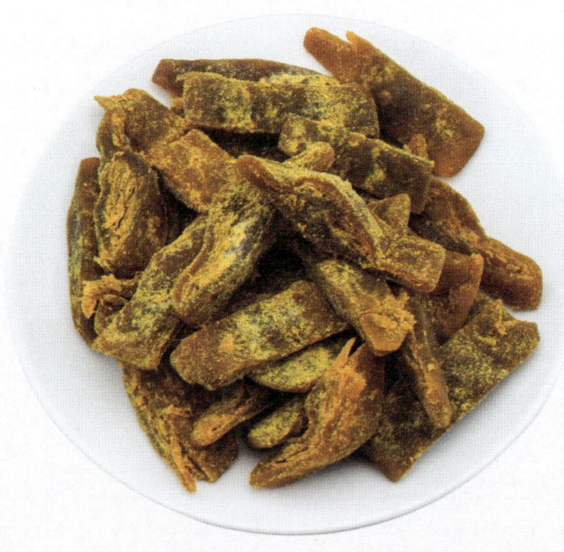

甘草檸檬的製作，首重原料的挑選。甘草檸檬一般選用品質優良的泰國青檸，其果香濃郁，酸度適中，是製作甘草檸檬的理想基底。

這道涼果產品巧妙地融合了甘草與檸檬的精華，將兩種食材的益處完美結合。甘草自古以來即被視為高效益的藥材，其藥性平和，具有清熱解毒、祛痰止咳、緩急止痛等多種功效，能有效舒緩身體不適；而檸檬則富含維生素C和檸檬酸，其中，檸檬酸更扮演著重要的角色。檸檬能有效清除體內累積的有害物質，這些物質往往是造成血管老化的元兇。此外，適量的檸檬酸還能促進消化，甚至有助於修復受損的胃黏膜，守護腸胃健康。因此，甘草檸檬不僅能補充人體所需的營養，更能提升身體機能，在炎炎夏日，更是一道兼具美味與健康的消暑聖品。

甘草檸檬也具有保養聲帶的功效，對於經常需要用聲用嗓的教師、歌手等職業人士而言，適量飲用能滋潤聲帶，維持良好的發聲狀態。然而，值得注意的是，由於甘草和檸檬都帶有刺激性，胃酸過多者應避免過量飲用，以免加重胃部負擔，建議少量飲用，或根據自身情況調整攝取量。

第 6 章 冬薑

堅持原味・涼果巨匠的職人精神

冬薑，又稱黃肉老薑，其薑肉色澤金黃，質地紮實，氣味溫和而帶有淡淡的辛辣香氣。不同於一般的嫩薑，冬薑性溫，具有溫胃、驅風、除濕的功效，尤其適合老年人、體質偏寒以及胃寒人士於冬季飲用，以達到暖胃驅寒的效果。只需將小塊的冬薑浸泡在熱水中，即可製成一杯溫暖舒心的薑茶，其獨特的風味與香氣，更添一份冬日暖意。

冬薑以新鮮薑為基底，經由繁複工序與傳統技法精製而成的獨特涼果。其製作過程，從薑根的挑選便已著手，需嚴格把關，只選用飽滿、色澤勻稱，且無任何損傷的新鮮老薑。之後，再經由涼果師傅們悉心調配多種天然佐料，並以代代相傳的秘方，細火慢熬，反覆精煉，方能成就其獨特的風味與口感。這不僅僅是製作涼果，更是一門需要耐心與精湛技藝的藝術。

冬薑的魅力不僅在於其令人回味無窮的滋味，更在其豐富的保健功效。它能溫和促進消化，緩解因飲食不節造成的腸胃不適；同時，薑中富含的薑辣素等活性成分，更能有效提升人體免疫力，增強抵抗力，抵禦外來病菌的侵襲；此外，冬薑更具備舒緩疲勞、提振精神的功效，讓人在忙碌的生活中，找到片刻的寧靜與舒暢。

如此卓越的品質，源於涼果師傅們對品質的執著追求和對傳統工藝的堅守。從薑根的挑選、配方的調製到最後的包裝，每一個環節都經過嚴格的品質控制。師傅們憑藉著多年的經驗和對產品的熱愛，將每一份用心都融入到冬薑的製作之中，確保每一顆冬薑都能保持其穩定優良的品質，帶給品嚐者一如既往的鮮美體驗。這份堅持，正是冬薑得以歷久彌新的關鍵所在。

在廠房內，一鍋鍋熱氣騰騰的涼果半成品正持續翻滾，涼果師傅們聚精會神地不停攪動著。他們目光敏銳，不僅密切關注著原材料的品質變化 —— 例如果肉的軟硬程度、色澤的轉變，更細心地觀察著煮製過程中食材的各種反應。這是一項需要高度經驗和精準判斷的技藝，因為涼果的製作過程，遠比想像中複雜許多。

從熱鍋火候的精準控制，到糖、酸等佐料之間微妙的化學反應，再到溫度的精確調控以及水分含量的嚴格把控，每一個環節都至關重要，容不得絲毫馬虎。任何一個微小的疏忽，例如火候過猛導致煮糊，都可能導致整鍋涼果報廢，前功盡棄，白白浪費師傅們之前投入的大量時間和心血。因此，他們必須全神貫注，以精湛的技藝和豐富的經驗，守護著每一鍋涼果的完美呈現。

在巨大的「企缸」（編按：即煮製涼果的大器皿）中，涼果師傅們除了要控制火候和時間，更需細緻觀察食材是否吸收過多糖分，避免出現「死甜」的情況。這並非單純的糖分添加，而是需要根據瓜果本身的發酵程度來精準判斷。如果瓜果發酵過度，則需相應減少糖分的添加，以維持涼果整體風味的平衡。

這是一個微妙的平衡過程，需要師傅們憑藉豐富的經驗和敏銳的感官來判斷。他們會仔細觀察瓜果的色澤、質地和氣味，並根據這些細微的變化來調整糖分的用量。這種經驗積累而成的技藝，並非三言兩語所能道盡，而是需要長年累月的實踐和體悟才能掌握的精髓，是一種用心雕琢而成的「細心的味道」。它體現了涼果製作的精妙之處，以及師傅們對品質的執著追求。

除了微觀鍋中瓜果外、涼果師傅們也要懂得宏觀天氣，因為涼果這一行業說到底其實也就是和老天爺打交道。涼果製作，不僅僅是鍋中技藝的精湛，更與大自然的節奏息息相關，是人與自然的和諧交響。

優質的原材料，是製作上乘涼果的基石。豐沛的雨水、充足的陽光，以及合適的溫度，才能孕育出飽滿多汁、甜美可口的瓜果，而這些都仰賴大自然的恩賜。反之，若氣候條件欠佳，則會直接影響原材料的品質，進而影響涼果成品的口感和風味。

醃製完成後的晾曬過程，同樣需要好天氣的眷顧。充足的陽光可以有效地去除瓜果中的水分，濃縮其風味，並保留其天然的果香。只有在這樣天時地利人和的條件下，才能製作出高品質、風味絕佳的涼果，這也是涼果製作的魅力所在，一種對自然的敬畏與感恩。

因此，舊時的涼果師傅們個個都是「望天打卦」的能手。在溫室大棚和現代化設施尚未普及的年代，涼果的晾曬全憑經驗豐富的師傅們憑藉對天氣的細緻觀察來判斷。一絲烏雲的蹤跡，都可能意味著即將到來的驟雨，師傅們必須及時將露天晾曬的涼果收起，避免雨水損壞，這需要他們對天氣變化有敏銳的感知和迅速的反應能力。

這份對天氣的敏感，是他們多年經驗積累的結晶，也是涼果製作中最難掌握的一部分技藝之一。如今，隨著廠房的改革創新，現代化的玻璃屋和符合國家標準的無塵車間已投入使用，下雨天也不必再擔心涼果被淋濕，這大大提高了生產效率，也讓涼果製作過程更加穩定可靠，免去了師傅們對天氣變化的擔憂。科技的進步，為傳統技藝注入了新的活力。

為了解決傳統晾曬方式受製於天氣的困境，楊師傅曾在九十年代中期斥資三十餘萬人民幣，建造了電力烘培房，試圖以科技手段來提升生產效率和產品品質。然而，這項投資最終卻未能達到預期效果。電力烘培房的實際使用結果並不理想，烘乾後的涼果成品出現了品質參差不齊的問題：一部分濕漉漉，另一部分則過於乾燥硬邦邦，甚至還出現了焦糊的現象。產品品質的嚴重瑕疵自然引來了客戶的不滿，這項改革不僅未能提升生產效率，反而造成了資源的浪費和客戶的流失，可謂是一次失敗的嘗試，付出了沉重的代價。這次失敗的經驗也讓楊師傅深刻認識到，傳統技藝的精髓並非輕易就能被科技所取代，需要在科技創新與傳統技藝之間找到一個平衡點。

後來，由於國家衛生監控政策的調整，露天晾曬涼果的方式不再被允許，公司廠房在九十年代後期轉而投資建設符合衛生標準的玻璃屋和無塵車間。這項工程耗資楊師傅大約兩百萬元人民幣，並配備了先進的排濕抽氣系統，有效解決了以往露天晾曬受天氣影響的問題，也大大提升了產品的衛生安全性和生產效率。

然而，玻璃屋內部的高溫環境也帶來新的挑戰。由於室內溫度過高，工作人員只能輪流工作，每工作半小時就需要休息一小時，這也大大增加了人力成本和生產時間。儘管玻璃屋的建設提升了產品質量和安全性，但高昂的建設和維護成本也使得涼果的生產成本大幅增加。這段經歷印證了「慢工出細貨，欲速則不達」的古訓。

優質的涼果並非一蹴而就，它需要投入大量時間、人力、物力、以及師傅們的汗水和心血，才能最終呈現出令人滿意的品質和口感。高品質的背後，是對成本和效率的平衡考量，以及對傳統技藝和現代科技的融合運用。

從偷食到偷師

華泰興涼果，一家歷史悠久的知名老字號，其創立時間甚至早於阿聰的出生。對阿聰而言，「華泰興」三個字不僅僅是一個企業名稱，更是他童年美好記憶的起始點。

九十年代初期，阿聰的父親楊師傅在香港粉嶺設立了生產廠房。從阿聰兩三歲起，他就開始經常跟隨父親前往後來在深圳和惠州開設的工廠巡視。這些早年的經歷，讓阿聰從小就接觸到了涼果製作的過程，也由此開始對這項傳統技藝產生了濃厚的好奇心，為他日後投身涼果事業埋下了伏筆。

阿聰的童年，如同大多數孩子一樣，充滿了甜蜜和快樂。然而，他的童年記憶中，更多了一份獨特的風味 —— 那來自於偷偷品嚐涼果的「甘、甜、鹹、酸、濕」的奇妙滋味。這種獨特的味覺體驗，不僅深深地烙印在他的童年回憶中，更激發了他對這些傳統零食的濃厚興趣，也因此，他與涼果行業結下了不解之緣，這份童年時光的味道，也將伴隨著他走過人生的旅程。

熟讀唐詩三百首，不會作詩也會吟。童年時光，在滿是甘甜果香的涼果作坊裡度過，耳濡目染之下，阿聰早已練就了一雙能鑒別天氣、製作涼果的慧眼。這份技藝，並非僅僅是熟能生巧，更是一種對自然環境敏銳的感知。

阿聰對涼果製作的理解，早已融入他的血液之中。「譬如嶺南地區，天氣普遍溫潤潮濕，午後時常出現美麗的彩虹，然而，這景象卻是涼果師傅們最為棘手的天氣現象之一。」阿聰緩緩說道，語氣中帶著幾分歲月沉澱的淡然。他解釋道，彩虹的出現，意味著空氣中的水分飽和，甚至超飽和，這對於涼果的曬製過程極為不利。過高的濕度會延緩乾燥速度，甚至可能導致涼果發霉腐敗。因此，一旦午後彩虹乍現，涼果師傅們便必須爭分奪秒地將晾曬中的涼果收起，妥善存放於乾燥通風的倉庫中，以確保其品質不受影響。

嶺南的天氣，變幻莫測，如同孩童般捉摸不定。因此，涼果的曬製過程，也隨著四季的更迭而調整頻率與時長。潮濕的季節，空氣中水汽氤氳，涼果的曬製便需格外小心，延長晾曬時間，並密切關注天氣變化，避免回潮導致涼果受損。

反之，在乾燥的季節，陽光炙熱，空氣乾燥，涼果的脫水速度加快。此時，便需縮短曬製時間，避免涼果因水分流失過多而變得乾硬，失去其原有的甘甜與柔韌口感，變得如同嚼蠟般索然無味。這份經驗，並非僅僅是數字上的加減，而是涼果師傅們在與自然長期博弈中積累的智慧，是對時令、對天氣、對涼果本身的深刻理解。

從孩提時代偷偷品嚐涼果的甜蜜滋味，到如今成為技藝精湛的涼果師傅，這段歷程，對於阿聰而言，如同昨日重現，輕描淡寫間便已道盡箇中甘苦。他談笑風生間，已將港式涼果製作的精髓與精神娓娓道來，那份對時令、對技藝的獨到見解，以及對品質的精益求精，都蘊含在其看似隨意的言談之中。

然而，這份看似簡單的技藝，背後卻蘊藏著深厚的經驗積累與對自然規律的深刻理解，絕非一朝一夕所能領悟，更非三言兩語所能道盡。箇中奧妙，如同深藏於山林間的珍寶，需要時間的沉澱，以及持之以恆的努力才能慢慢體會。

★冬薑的涼果小百科★

冬薑，選用上乘老薑為原料，經獨特工藝精製而成。它完美保留了老薑辛辣醇厚的本味，並巧妙地融入鹹香，辣中帶鹹，層次豐富，回味悠長。

老薑自古以來便被視為溫中之物，性味辛溫，具有溫中散寒、止咳化痰、溫胃止嘔等多種功效，更能有效舒緩噁心、腹痛等不適症狀。因此，食用冬薑不僅能品嚐到其獨特的風味，更能為身體補充營養，促進血液循環，溫暖脾胃，增強體質，對於維持身體健康裨益良多。其藥食同源的特性，更使其成為兼具美味與保健價值的佳品。

溫馨提示：

由於冬薑以老薑為主要原料，性溫味辛，體質偏熱的朋友建議少量食用，以免上火；而對於體質偏寒、畏寒怕冷的朋友，則可以適量增加食用量，或選擇溫和的陳皮薑製品，以達到更好的暖胃效果。

此外，喜愛薑味且體質允許的朋友，不妨嘗試口感清爽的檸汁薑，感受薑味與酸甜的完美融合。

第 7 章 檸汁薑

涼果的「Fusion 菜」

生薑，自古以來即被視為對抗多種疾病的有效食材。中醫典籍記載，薑性味辛溫，具有祛寒、止咳、止嘔的功效，更被譽為「嘔家聖藥」，其藥用價值歷久彌新。現代藥理研究也證實，薑確實具有舒緩噁心、緩解腸胃疼痛、以及消炎等作用，其療效已獲得科學佐證。

然而，生薑辛辣的特性，並非人人皆能適應。因此，巧妙地將檸檬汁與生薑融合，便成了平衡其辛辣之道的絕佳方案。檸汁薑完美地融合了兩者特性，猶如中醫所言的「陰陽互補」，檸檬汁的酸甜中和了薑的辛辣，同時保留了薑天然的辛香，成就了這道涼果界的特色「Fusion 菜」，別具風味。

創業之初，楊師傅與阿聰的母親分工合作，如同檸汁薑的完美融合一般，各司其職，相輔相成。楊師傅奔走於市場，負責洽談銷售、拓展批發渠道等外務；而阿聰的母親則坐鎮工廠，專注於技術研發和產品生產，共同打理這份涼果事業，展現了夫妻同心、其利斷金的經營模式，為公司的發展奠定了堅實的基礎。

楊師傅時常回想起那段銷售巔峰時期的盛況，記憶猶新。許多客戶有時候僅憑一張印有公司標誌的包裝紙，便不遠千里，專程從外地搭乘飛機來到香港，只為爭取到在當地獨家代理的權利。這種盛況，在當時可謂是空前絕後，充分展現了港式涼果的市場號召力。

楊師傅雖然感激客戶們的青睞，慕名而來洽談業務，但他始終謹記公司的立業之本——「**飲水不忘挖井人**」。因此，每一位來訪的客戶，他都會仔細詢問其合作地區是否屬於空白市場，只有在確認沒有其他代理商後，才會進一步洽談合作。即便是有意願合作的區域已有代理人，楊師傅也會先徵得老客戶的同意，在確保互不衝突的前提下，再考慮接納新客戶。

因為楊師傅的經營理念，從來就不是價高者得、見錢開眼的短視生意。正因如此，各地區的代理商都對公司深具信心，彼此之間的合作關係十分融洽，甚至合同簽署與否，都絲毫不影響彼此的信任和合作。

這也正是華泰興產品經久不衰的原因：人性化的合作模式，

以及始終如一的信譽和誠信。直至今日，阿聰也依然秉承著這個傳統營商精神，重視與各渠道商的長期友好關係，並堅守著公司一貫的信譽承諾，將這份珍貴的遺產延續下去。

「Fusion」的理念，同樣貫穿於他們的商業模式之中。 作為涼果產業鏈的上游企業，其涼果工廠主要負責生產各式涼果產品，並供應給眾多零售品牌商。

然而，華泰興的業務並非僅限於此。公司也積極與其他食品零售夥伴展開深度合作，共同開發和推出零售產品，但始終堅持以產品生產商和涼果供應商的角色定位，專注於自身的核心競爭力。這種穩健的商業策略，不僅讓公司得以專注於生產高品質的涼果，提升產品的競爭力，也巧妙地避開了與同行之間的直接競爭，避免了不必要的內耗。

由此可見，楊師傅今日的成功，並非偶然。一方面，它得益於廣大同行夥伴的大力支持與合作，構建了穩固的產業生態；另一方面，也離不開工廠每一位員工的辛勤付出與汗水，是他們共同的努力，才造就了今日的輝煌成就。今日的成功，正是內外兼修、內外兼顧的最佳體現，是其持續穩健發展的基楚，也使其在涼果行業中佔據了舉足輕重的地位。

然而，楊師傅也非常清楚香港涼果行業的競爭格局與發展趨勢，明白「術業有專攻」的道理。因此，多年來，他始終將營運重心聚焦於批發生產，專注於提升生產效率和產品品質，以其核心競爭力立足於市場。這也正是公司能夠在競爭激烈的市場中穩步發展，並取得成功的關鍵因素之一。

楊師傅認為，公司不應僅憑藉其雄厚的生產能力，就輕率地為了追求利潤而大舉進軍零售市場。如此舉措，極易引發港式涼果行業的內卷化競爭，最終導致行業萎縮，甚至加速其走向比現狀更為嚴峻的夕陽產業的命運。

楊師傅深知，盲目擴張零售業務，只會加劇同業間的惡性競爭，造成資源浪費和利潤壓縮，最終損害整個行業的發展。因此，即使他擁有涉足零售業務的機會，也應選擇與其他商家品牌合作的模式，以期擴大整個涼果行業的市場規模，而非在內部進行無謂的消耗。

楊師傅的願景是為港式涼果行業開拓出一片嶄新的天地，讓所有同行都能共享發展的成果，而非陷入零和博弈的困境。他希望透過合作共贏的策略，而非單純的市場佔有率競爭，來提升整個行業的活力與競爭力，確保其長遠發展。

港式涼果的保育

誠然，港式涼果行業的現狀令人憂心忡忡。近年來，隨著生活方式的改變和新興零食的崛起，港式涼果在市場上的能見度逐漸降低，傳統的製作技藝和獨特的風味也面臨著被遺忘的風險。這種現象不僅僅是市場份額的縮減，更代表著一種傳統文化的式微，讓業內人士不禁為之擔憂，擔心這承載著濃厚香港文化底蘊的傳統產業將會漸漸消失，成為歷史的遺憾。

然而，這並不意味著港式涼果行業的困局就無解。我們不妨借鑒日本和果子產業的成功經驗。日本在保護傳統和果子技藝和文化底蘊的同時，積極推陳出新，不斷研發創新的口味和包裝，成功地將傳統和果子推向國際市場，使其歷久彌新，成為遊客爭相購買的熱門伴手禮。這充分證明，傳統產業的復興並非與創新發展相互矛盾，反而可以相輔相成。

同樣地，港式涼果行業是否也能夠借鑒這種模式，在傳承傳統技藝和風味的同時，融入現代元素，開發出更符合現代年輕人口味和消費習慣的新產品？這是一個值得深入探討，並積極尋求解決方案的重要課題，其成功與否，將直接關係到港式涼果行業的未來發展，以及香港傳統文化的延續。

港式涼果曾是香港飲食文化中不可或缺的一部分，一提到香港地道美食，與菠蘿油、紅豆冰、凍檸茶、絲襪奶茶等經典之作一樣，便會立刻浮現在人們眼前。然而，時移世易，港式涼果卻漸漸淡出了人們的視線。

從九十年代開始，歐美零食文化席捲香港，深受九零後和零零後年輕一代的喜愛，傳統的港式涼果則被貼上「老土」、「過時」的標籤，在市場競爭中日漸式微，令本地港式涼果業經營者苦不堪言。

此後，日韓零食文化的興起更是雪上加霜，許多香港本土傳統零食，例如龍鬚糖、叮叮糖、糖蔥餅等，都只能在街頭巷尾偶爾出現的流動小販攤位上才能覓得蹤影。

如今，送禮佳品也從本土涼果零食轉變為曲奇、餅乾等外來食品，這種現象反映出港式涼果乃至香港傳統零食市場的嚴峻形勢，令人不得不深思其未來發展之路。傳統零食的式微，不僅僅是市場份額的流失，更是香港獨特飲食文化和傳統技藝的流失，值得我們高度重視。

涼果與香港的文化聯繫日漸淡薄，令人惋惜。如果港式涼果最終被遺忘，不再被視為香港飲食文化的特色代表，那麼這個行業的未來將更加黯淡無光。

港式涼果產業迫切需要找到一條新的發展道路，以保育這項極具本土特色的傳統飲食文化。這需要整個行業上下共同努力，積極創新，在傳承傳統技藝的同時，不斷推陳出新，開發更符合現代消費者需求的產品，並積極探索新的營銷模式，才能讓港式涼果重新煥發生機，在市場競爭中佔據一席之地，並繼續成為香港飲食文化中的重要代表。單純的守成已不足以應對時代的變遷，唯有積極求變，才能讓這份珍貴的文化遺產得以延續。

楊師傅希望為港式涼果行業開創一個嶄新的局面，確保其長遠發展。港式涼果作為香港飲食文化中極其重要的傳統特色，他期盼更多香港年輕人能夠關注並支持這個行業，讓涼果重新融入香港人的日常生活，再次成為香港飲食文化的一部分。

楊師傅認為，港式涼果的應用場景不應僅限於中醫診所的配藥，其市場潛力遠不止於此。他希望透過創新和多元化的發展策略，拓展港式涼果的應用範圍，例如開發更多元化的產品、探索新的消費場景，如結合現代飲食潮流，開發新的產品線，讓涼果不再僅僅是傳統的零食，而是可以融入現代生活的時尚元素，從而吸引更多年輕消費群體，讓這份傳統文化得以薪火相傳，生生不息。

作為公司的第二代接班人，阿聰對於公司的營商定位有著更清晰的規劃，他希望讓年輕一代重新認識並欣賞涼果的美味與文化價值。阿聰的努力不僅體現在改良傳統涼果的製作工藝上，更著重於打破涼果的傳統應用場景，提升其整體格調。他希望通過創新，讓涼果不再局限於傳統的消費場合，而是能融入現代生活方式，成為一種時尚、潮流的零食選擇，吸引更多年輕人的關注和喜愛，讓這項傳統技藝得以延續和發展。這不僅僅是商業策略的調整，更是對傳統文化的一種積極保護和傳承。

近年來，阿聰會積極與同行及其他跨行業合作，例如餐飲業，嘗試跨界融合（Fusion），共同推廣港式涼果，期望拓展涼果的應用場景，促進其持續發展。這種合作模式不僅能擴大客源，更能突破大眾對涼果的既定印象，為其開闢新的市場空間。

通過與不同行業的合作，例如將涼果融入新的菜式或飲品中，可以創造出更多元化的產品，吸引不同年齡層的消費者，讓港式涼果不再只是傳統的零食，而是可以融入現代生活方式的時尚元素。阿聰的這種創新思維和積極的合作態度，為港式涼果行業注入了新的活力，也為其在香港飲食文化中重新佔據重要地位奠定了堅實的基礎，讓港式涼果再次成為香港的驕傲。

數年前，阿聰與內地知名川菜餐廳映水芙蓉的成功合作，為港式涼果的跨界應用樹立了典範。雙方合作推出的多款以港式涼果為主要食材的甜品和飲品，深受食客喜愛，證明了港式涼果在高端餐飲領域的應用潛力。

◀ 話梅水晶球

其中，映水芙蓉的《話梅水晶球》這款甜品更是備受讚譽，其精緻的外觀和獨特的口感，不僅突破了傳統甜品的口味界限，更完美地融合了川菜的烹飪技法和港式涼果的獨特風味，展現了兩種不同飲食文化的奇妙碰撞與和諧統一。這也印證了阿聰的理念：通過創新和跨界合作，港式涼果可以擁有更廣闊的發展空間，不再局限於傳統的消費場景，而是可以成為現代飲食文化中的「Fusion 菜」。映水芙蓉的成功案例，為其他港式涼果業者提供了寶貴的經驗和借鑒，也為港式涼果的未來發展提供了更多可能性。

是的，涼果的發展不應局限於單一的應用場景，而應該探索多元化的發展路徑，並根據不同消費群體的需求和喜好，進行層次化的產品開發和市場推廣。

例如，可以將話梅與白酒結合，製作成獨特的酒類飲品；將陳皮梅與中藥茶搭配，創造出具有養生功效的飲品或點心；將提子乾應用於烘焙食品，例如麵包和蛋糕中；將話梅粉用於西瓜等水果的調味，提升其風味。

這些多元化的應用方式，不僅能拓展涼果的市場範圍，更能豐富其食用場景，讓消費者在不同的場合都能體驗到涼果的獨特魅力。這種層次化的發展策略，可以滿足不同消費群體的需求，提升涼果的市場競爭力，並讓其在現代飲食文化中佔據更重要的地位。通過不斷的創新和嘗試，相信涼果一定能找到更多、更廣闊的發展空間。

★檸汁薑的涼果小百科★

檸汁薑選用上等肉薑，採用傳統古法，先以糖煮，再醃製曬乾，製成風味獨特的涼果。其口感豐富多層次，細嚼慢咽間，甜味逐漸釋放，同時保留了薑特有的微辣辛香，形成甜辣交織的味覺體驗，令人回味無窮。

這種獨特的口感，源於傳統工藝的精湛和對食材品質的嚴格要求。既保留了薑的天然風味，又增添了糖的甜美，以及檸檬的酸香，形成一種平衡而富有層次的味覺享受。

生薑，自古以來便被視為溫中散寒的良藥，其驅風除濕、增強正氣、抵禦外邪入侵的功效，早已為人熟知。不僅如此，生薑更蘊含著豐富的活性成分，能有效殺滅多種細菌，並促進血液循環，改善腸胃蠕動，幫助排出體內毒素，達到淨化身體的目的。這些功效的實現，與其內含的多種營養物質息息相關，例如薑辣素等。

而生薑中的薑辣素，則扮演著更為重要的角色。薑辣素又稱為生薑酚，是對抗自由基的能者，在預防自由基危害人體、造成老化的機製上，有很強的功效。它不僅具有卓越的抗氧化能力，能有效抵禦自由基對人體細胞的損傷，延緩衰老；更能促進末梢血管擴張，改善血液循環，從而有效緩解女性常見的手腳冰冷症狀，提升身體的溫暖感。

此外，薑辣素還有助於提升身體的代謝率，進一步促進體內廢物的排出。因此，生薑的益處遠不止於驅風除濕，更是一種全方位的保健良品。

而檸檬則富含維生素 C 等多種營養成分，具有潤膚美容、促進血管通暢、緩解咽喉不適等多重益處。其味酸性寒，屬陰性食物，具有清熱解暑的功效。

然而，薑則性溫味辛，屬陽性食物，具有溫中散寒的特性。將檸檬與薑巧妙搭配，恰好實現了陰陽調和，寒熱互補。兩種食材的特性相輔相成，不僅能更好地發揮各自的功效，更能提升整體的保健效果，達到「1+1>2」的理想狀態。

第 8 章

九製陳皮

自設果園・勿忘初心

「九製陳皮」作為嶺南地區的傳統涼果，其製作過程精細考究，堪稱一門技藝。從最初的柑橘皮挑選 —— 揀除瑕疵，到後續的浸漂、蒸煮，每一步都至關重要。經過蒸煮軟化後的陳皮，需細心切片，再經過醃製、瀝乾等步驟，去除多餘水分，並充分吸收調料的風味。隨後，反覆的日曬工序，則賦予了陳皮獨特的色澤和香氣，也決定了其最終的品質。最後，經過精心貯存和包裝，才能將這道凝聚匠心、歷經「九製」工序的美味佳品呈獻給食客，讓每個環節都體現了嶺南飲食文化的精髓與對品質的執著追求。

製作九製陳皮，首要步驟便是精選優質原材料 —— 新鮮柑橘皮。柑橘皮的品質直接決定了最終產品的風味和口感，因此，選材環節至關重要。「揀皮」作為第一步，要求極其嚴謹。工匠們需要仔細甄別每一塊柑橘皮，嚴格控制其大小、厚度，並仔細檢查表皮狀況，例如是否存在蟲眼、破損等缺陷。只有那些質地柔軟、完整無損，且符合特定標準的柑橘皮，才能被選中，繼續後續的製作流程。這一道看似簡單的工序，卻是確保最終產品品質的基石，為後續的精緻製作奠定了堅實的基礎。

隨後，柑橘皮將經歷浸漂和保鮮的關鍵步驟。這兩個環節不僅能有效去除柑橘皮中令人不悅的苦味及雜質，更能巧妙地保持其水分和彈性，為後續的加工奠定良好的基礎。而切皮和醃製，則堪稱九製陳皮製作的核心工序。切皮的技藝要求極高，需要將柑橘皮切成大小均勻、厚度適中的細條，寬度和厚度的精準控制直接影響最終產品的口感。切得太厚則口感粗糙，切得太薄則易碎且易失味。因此，經驗豐富的師傅會根據柑橘皮的特性，精準地控制刀工，確保切片達到最佳狀態。

醃製過程則需要運用獨特的配方和技法，使陳皮充分吸收調味，達到色香味俱佳的境界。醃製的過程，如同為陳皮注入靈魂。醃製時間的長短以及所選用的調料種類和比例，都會直接影響到九製陳皮的最終風味和品質。經驗豐富的涼果師傅，甚至會根據不同的季節、氣候以及顧客的喜好調整醃製方案，有的甚至沿用祖傳秘方，這些獨門配方往往經過數代人的不斷摸索和改良，蘊含著深厚的技藝和經驗積累。

瀝乾的步驟則能有效去除多餘水分，讓陳皮更好地吸收調料，提升口感。而反覆的曬製過程，如同為陳皮進行「日光浴」，使其充分揮發水分，並在陽光下產生獨特的陳香，令其香氣更加醇厚濃郁。

最後的貯存和包裝環節同樣至關重要，需要嚴格控制環境濕度和溫度，避免陳皮受潮、變質或污染，確保其新鮮度和品質，讓食客品嚐到最正宗的嶺南風味。

看似簡單的九製陳皮，其製作過程卻蘊含著無數的細節和匠心。從柑橘皮的挑選到最後的包裝，每一個環節都至關重要，都體現著製作者對品質的要求。任何一個環節的疏忽，都可能影響最終產品的品質和風味。只有對每一個細節都做到精雕細琢，對每一個步驟都做到嚴格把控，才能製作出真正令人稱道的九製陳皮。這不僅僅是一道傳統小吃，更是嶺南飲食文化精髓的體現，是幾代匠人技藝與智慧的結晶。因此，所謂的「及格」，並非僅僅滿足於基本要求，而是要將所有細節都做到極致，力求完美。

楊師傅將對九製陳皮製作的態度，延伸至整個產業鏈的各個環節。為了確保原材料的穩定供應和品質，他不惜重金在雲南投資建設自有的李梅果園，並製定了一套嚴格的生產標準，從源頭上把控品質和安全。

果園的建設和管理都體現了公司對品質的極致追求：整潔的設施、符合國家綠色標準的生產流程、無污染、無公害、全天然的種植方式，以及對原始風味的執著追求，所有這些都體現了公司對品質的堅定承諾，確保最終呈現在消費者面前的九製陳皮，不僅美味，更安全、健康。

雲南被選為原材料生產基地，並非偶然之選，其背後有著深思熟慮的考量。首先，雲南地處西南邊陲，遠離沿海地區高度密集的工業化和城市化，因此環境污染相對較輕，這為生產優質原材料提供了得天

獨厚的自然條件。這片土地上，空氣清新，水源純淨，土壤肥沃，遠離工業廢氣和廢水的侵擾，最大程度地保證了原材料的天然純淨。

其次，雲南獨特的地理位置和氣候條件也至關重要。這裡屬亞熱帶高原季風氣候，氣候類型豐富多樣，年溫差小而日溫差大，這種特殊的氣候特徵，造就了得天獨厚的農業生產環境，尤其適合各種瓜果的生長。得益於充沛的陽光、適宜的溫度和豐富的水資源，雲南種植的瓜果糖分和酸度比例均衡，果肉飽滿多汁，品質遠超其他地區。正是由於雲南獨特的地理環境和

優越的氣候條件，才使得種植的瓜果品質優良，最終成就了其涼果產品豐富細膩的口感。

果園實行全流程自主管理，從育苗、種植、嫁接到後期管理，每個環節都力求掌控最佳品質。這其中，對原材料的選擇和標準更是嚴苛。

以梅子和李子的雜交為例，果園巧妙地利用兩種果實的特性，通過雜交提升梅子的酸度，同時改善其口感，使其變得更加軟糯細膩。這種口感與日本梅子相比，少了些許軟綿，多了幾分嚼勁，更適合涼果加工，也更符合公司對產品口感的追求。

此外，對於每一顆梅子，公司都設定了嚴格的品質標準，直徑至少需達三公分才能通過篩選。這不僅確保了梅子擁有充足的生長空間，順應自然規律，健康成長，更重要的是，這項標準也從源頭上保證了每顆梅子的品質和口感，使其達到最佳狀態，最終呈現出綠色、有機、高品質的涼果產品。

儘管雲南得天獨厚的農業氣候條件極其適合瓜果種植，但也帶來了一些挑戰。雲南獨特的地理環境和氣候條件，使得果樹的成熟期相對較長，果園的果樹通常需要三到五年才能迎來首次收穫。這種延遲的收成週期，意味著更長的等待時間和更高的生產成本。然而，果園堅守著這樣的種植方式，正是因為它能確保原材料瓜果的品質和口感始終保持在最佳狀態。長期的等待換來了卓越的品質，這也是果園對產品品質的堅定承諾。這種慢工出細活的理念，也體現了公司對品質的執著追求。

公司對果園的管理和原材料的選擇，都體現著一種近乎苛刻的用心。楊師傅及其團隊，不惜投入更多時間和資源，只為確保產品品質的穩定性和口感的豐富性。因為他們深知，涼果的品質不僅取決於原材料本身，更與精細的管理和嚴格的標準息息相關。正是這種對細節的執著追求和對品質的堅守，才讓港式涼果始終保持著獨特的風味和令人難以抗拒的魅力，在眾多產品中脫穎而出。這份用心，不僅體現在產品本身，更體現在對產品品質的堅定承諾上。

應變則變　以不變應萬變

華泰興多年來始終秉持著製作最優質涼果的理念，然而，時代變遷，商業環境的轉變也深刻地影響著涼果製作行業。許多同行為了迎合市場需求，在生產工藝和產品定位上做出了調整，追求更高的效率和更低的成本。這種轉變，既是市場競爭的必然結果，也反映出時代浪潮對傳統產業的衝擊。然而，楊師傅始終堅守著自己的初心，在變幻莫測的市場環境中，努力保持著產品的品質和獨特的風味。

以往，食品生產商往往將生產過程中的衛生條件作為建立競爭優勢的主要手段。然而，楊師傅不僅重視衛生安全，更將保留傳統製作工藝和獨特風味視為核心競爭力，以此抵禦瞬息萬變的零食市場潮流。他深諳「應變則變，不變應萬變」的道理，在不斷創新的同時，始終堅守著對傳統技藝和經典口味的傳承與堅持。這種平衡，讓港式涼果在競爭激烈的市場中，找到了屬於自己的獨特定位，並持續贏得消費者的青睞。

舉個例子，在涼果熬煮過程中，許多廠家為了降低成本，會選擇使用麥芽糖漿或玉米糖漿兌水，但楊師傅始終堅持使用傳統的蔗糖。儘管蔗糖成本更高，卻能更好地保留涼果的原始風味，同時也更符合現代消費者對健康食品的需求。這種堅持，不僅體現了對產品品質的嚴格要求，更彰顯了他們對消費者健康的重視。即使歷經數十年，廠房依然遵循著其最初製定的製作規範，沿用最傳統的工藝，製作每一顆涼果。這種對傳統的堅守，是品牌價值的核心所在，也是其產品經久不衰的秘訣。

又例如，涼果的醃製過程，是決定其最終品質和口感的關鍵環節。楊師傅堅持傳統工藝，要求涼果的醃製過程必須迴圈交替五次以上，決不妥協。雖然這種傳統工藝需要更長的時間和更高的成本，但卻能確保涼果的品質和口感長期保持在最佳狀態。這體現了對產品品質的極致追求，以及對傳統工藝的堅守。他們寧願付出更多的時間和成本，也要保證產品的卓越品質，這正是品牌的核心競爭力所在。這種為保品質而決不妥協的精神，也為其產品贏得了良好的市場口碑和消費者的信賴。

承襲著創新與感恩之心，今天的港式涼果始終保有我們兒時的純粹風味。產品或許隨著時代變遷而有所調整，但製作涼果的初心卻始終如一，這份對傳統工藝的堅守與對品質的執著，是港式涼果數十年來屹立不搖的基石。

楊師傅憑藉著敏銳的商業嗅覺，在過去幾十年瞬息萬變的市場環境中，不斷調整企業的經營策略，以積極應對市場的挑戰與機遇。然而，無論市場如何風雲變幻，他始終秉持著對傳統涼果製作技藝的尊重，以及對消費者健康福祉的關懷，將這份承諾融入每一顆涼果之中。正是這些細節上的堅持與對品質的追求，才成就了港式涼果在市場上獨樹一幟的特色，贏得了廣大消費者的信賴與青睞。

★九製陳皮的涼果小百科★

九製陳皮，以優質柑橘皮為原料，歷經九道繁複精細的工序，方能成就其獨特的風味。其味甘甜鹹酸，層次豐富，並帶有柑橘特有的清新芳香。柑橘品種的選擇亦影響著最終風味：柑皮厚實，香味相對清淡；而桔皮則較薄，香味更加濃郁，各有千秋。

陳皮，取自柑橘類果實的果皮，經過日曬、通風等程序，並需每半年翻面檢查，以確保其品質，待陳放五年以上，方能稱之為陳皮。而其中，產自廣東省新會地區的柑橘果皮，因其獨特的地理環境和種植技藝，所製成的陳皮品質最佳，價值最高，備受推崇。

陳皮氣味芳香，性溫和，其藥效顯著，具有化痰止咳、順氣解渴、理氣寬中、潤喉利肺等功效，更能疏通心腦血管，祛除濕邪。這些藥理作用使其成為藥食同源的珍貴原料，在中醫藥領域有著悠久的應用歷史和重要的地位。

第 9 章 九製橄欖

數白欖與飛機欖

廣式涼果，以其豐富多樣的風味和悠久的歷史聞名於世，而橄欖，則無疑是其中最具代表性的明星之一。

在廣東的飲食文化中，橄欖的地位舉足輕重，它不僅僅是一種美味的零食，更是一種承載著濃厚地域文化底蘊的食材。橄欖的滋味，甘酸帶澀，卻又恰到好處地平衡著這種複雜的口感，平和的性質使其老少皆宜。這種獨特的風味，不僅令人回味無窮，愛不釋口，更讓它在廣府人的餐桌上，乃至日常生活中，佔據著一席穩固且重要的位置，成為廣府飲食文化中重要的一部分，並與廣府人的生活息息相關。

橄欖的價值遠不止於其令人愉悅的味蕾體驗，它更蘊含著豐富的保健功效，為其在廣東飲食文化中的重要地位增添了更多光彩。其一，橄欖具有清肺利咽的功效，能有效緩解喉嚨腫痛、咳嗽等不適症狀，尤其在秋冬季節，更顯其珍貴。其二，橄欖能生津止渴，在廣東亞熱帶地區炎熱潮濕的夏季，其清涼解暑的特性使其成為消夏佳品，廣受歡迎。

此外，橄欖還具有良好的解毒消食功效，能促進身體的新陳代謝，幫助消化吸收，進一步提升了其在養生方面的價值。這些多方面的健康益處，共同成就了橄欖在廣式涼果中舉足輕重的地位，使其不僅僅是一種美味的零食，更是一種具有保健功能的天然食材。

橄欖在廣東，不僅僅是餐桌上的美味佳餚，更深植於廣府人的社會人文記憶之中，成為一種獨特的文化符號，而數白欖，更是這種文化記憶中熠熠生輝的代表。

數白欖的盛行，不僅體現了廣東人精巧細膩的生活方式，也反映了其獨特的社交文化和人情味。它不僅僅是一種遊戲，更是一種情感的寄託，一種時代的印記，在許多廣東人的童年和成長記憶中佔據著重要的位置，成為難以磨滅的集體回憶。

數白欖，北方叫「數板」，是源遠流長的中國民間遊戲，在廣東地區尤為盛行，深受百姓喜愛，是街頭巷尾一道獨特的風景線。其樂趣不僅在於其獨特的節奏感 —— 表演者通常手持用草繩連接的兩塊薄木板作為拍板，以其敲擊發出有節奏的聲響，更在於其內容的豐富性和多樣性。表演者往往即興創作，以其獨特的節奏和唱腔，吟唱出對時政的諷刺，或抒發對生活百態的感悟。

數白欖的歌詞內容包羅萬象，從當朝政事到街談巷議，從社會熱點到百姓生活，無所不包。每當數白欖的表演者出現，便會吸引眾多圍觀者駐足聆聽，甚至興致勃勃地加入其中，一起談天說地，分享見聞，或嬉笑怒罵，或追憶往昔，其間充滿了人情味和生活氣息，展現了廣東人民熱情奔放、敢於表達的性格特點，數白欖也成為廣東的有趣民俗文化。

廣東話獨特的九聲六調，也為數白欖的藝術表現提供了得天獨厚的條件。這種聲調的豐富變化，使得數白欖的曲風更具多樣性和表現力，其靈活多變的節奏和韻律，與西方 Hip-hop 音樂中的饒舌（Rap）有著異曲同工之妙，都展現了語言在音樂中的無限可能。

廣東話數白欖的歌詞，貼近生活，生動形象，朗朗上口，易於傳唱，深受廣府人民，尤其是兒童的喜愛，成為許多人的童年記憶，一代又一代地傳承下去，延續著其獨特的生命力。數白欖不僅僅是民間遊戲，更是一種獨特的藝術形式，是廣東文化中的寶貴遺產。

「白欖仔暗暗香，大哥買歸阿嫂嘗；
阿嫂唔嘗俾過細姑娘，
細姑娘得食隨街唱，果然大嫂痛姑娘。」
—廣府童謠《白欖仔》

那麼，「白欖」究竟是什麼呢？「白欖」一名，並非單指某種特定的涼果，而是與數白欖的起源密切相關。早期的數白欖藝人，多以賣藝為生，同時也會販賣一種稱作「白欖」的涼果小吃來增加收入。這些藝人並非單純地叫賣，而是將叫賣與表演巧妙結合，他們一邊以半說半唱的方式推銷「白欖」，一邊表演數白欖，這種獨特的營銷方式，使得「白欖」與數白欖的表演形式緊密聯繫在一起。最終，「白欖」也就成為這種獨特曲藝形式的名稱，成為廣東文化中一個充滿趣味和歷史感的詞彙。這也從側面反映了廣東人民的智慧和創造力，將生活與藝術巧妙地融合在一起。

所以，早期售賣橄欖的小販，為了吸引顧客，會在叫賣的同時，利用簡單的樂器演奏出輕鬆活潑的節奏，並配合自己的歌聲進行演唱。這種獨特的表演形式，逐漸演變成了一種獨特的廣東曲種 ——「白欖」。

而「白欖」的音樂風格相對簡單，以歌謠為主，旋律優美流暢，節奏輕快明朗，營造出一種輕鬆愉悅的氛圍，與人們日常生活的節奏相契合。其歌詞內容貼近生活，反映了當時的社會風貌和民生百態，並巧妙地融入了一些幽默和諷刺的元素，使之更具趣味性和感染力。這種看似簡單的表演形式，實則蘊含著豐富的文化內涵，是廣東地區獨特民俗文化的重要組成部分，也體現了廣東人民樂觀豁達的生活態度。

電視劇《七十二家房客》中「雞公福」這一角色形象鮮明地展現了廣州獨特的市井文化。他所叫賣的「雞公欖」，並非泛指所有白欖，而是一種以青橄欖為原料，經過複雜工藝醃製而成的廣府特色涼果。

「雞公欖」的獨特之處在於其口味的多樣性，既有甜味的和順欖、也有鹹味的甘草欖、更有辣味的辣椒欖，滿足了不同顧客的喜好。其入口清甜爽脆，回味悠長的特點，使其成為廣府人普遍喜愛的一種傳統小吃，也承載著許多老廣府人珍貴的童年回憶。

而「雞公欖」這一名稱的由來，更是體現了廣州小販們獨特的行銷智慧。他們會在叫賣時，身穿色彩鮮豔的服裝，甚至佩戴紙紮的大公雞模型，並用嗩吶模仿公雞的叫聲，以此吸引顧客的注意，這種獨特的叫賣方式，也為「雞公欖」增添了一份濃厚的市井氣息和文化底蘊。「雞公福」這一角色，以及他所叫賣的「雞公欖」，都成為了廣州文化符號的一部分，生動地展現了廣州這座城市獨特的魅力。

對於香港人而言，飛機欖是橄欖涼果中最令人難忘的記憶之一。在二十世紀五、六十年代至七十年代之間，隨處可見販售飛機欖的小販，他們斜背著橄欖形的容器，穿梭於民居之間，沿街叫賣。

那時的唐樓普遍樓層不高，僅有三至五層，因此買家常從陽台上將錢幣拋下給街上的小販，而小販則練就了一手絕活，能將貨物準確

地「掟上樓」，如同投擲紙飛機般精準，故此得名「飛機欖」。這種獨特的交易方式，不僅體現了當時香港獨特的市井風情，更成為許多香港人童年時代難以磨滅的共同回憶，見證了那個年代的社會風貌與人情味。

飛機欖，又稱甘草欖，其淵源可追溯至廣州，是當時廣為流行的街頭小食「欖仔」的其中一種。這種小食後來傳入香港，並迅速融入當地生活。製作甘草欖的過程講究，需將橄欖與甘草、陳皮、丁香、玉桂、鹽、糖等多種藥材和香料混合醃製，使其散發出濃郁的甘草香氣，並呈現酸甜適中的獨特風味。更重要的是，由於其不易腐壞且甘草本身具有止咳潤喉的功效，因此深受香港市民的喜愛，成為家喻戶曉的街頭美食。

青黃不接　欖歌成絕響

橄欖涼果的製作方法變化多端，其銷售方式在眾多涼果產品中亦別具特色，例如前述的「飛機欖」便是絕佳的例子。然而，儘管這些獨特的製作和銷售方式曾風靡一時，譜寫出令人難忘的「欖歌」，卻終究敵不過時代變遷的洪流，漸漸被時代浪潮所淹沒，成為時代的印記，令人惋惜不已。這些曾經活躍於街頭巷尾的景象，如今只能在老香港人的記憶中迴盪，欖歌終成絕響！

楊師傅與港式涼果一起走過了數十年的風雨，見證了這個行業的興衰起落，也見證了香港社會的變遷。隨著時代的進步，消費者的口味日益多元化，涼果的製作工藝和產品種類也隨之調整和改良，力求適應市場需求。

然而，傳統涼果行業卻面臨著來自內部競爭和外部市場環境的雙重壓力，諸如人工成本上升、原材料價格波動以及年輕一代對傳統零食興趣下降等問題，都使得涼果工業逐漸走向式微，成為一個令人惋惜的夕陽行業。

涼果行業的式微，與其外部環境的劇烈變化息息相關。首先，消費者的口味日益多元化，歐美、日韓等國家的零食大量湧入市場，對傳統涼果造成了巨大的衝擊，分流了原本屬於涼果的客源。

其次，隨著香港社會的城市化進程加快，物質生活日益豐富，人們對傳統涼果的實用價值需求降低，不再像過去物資匱乏的年代那樣將其視為重要的零食選擇。這種消費習慣的改變，進一步壓縮了傳統涼果產品的市場空間，導致消費意願下降。總而言之，外部環境的變化，是涼果行業衰落的重要推手。

此外，涼果行業自身也存在著一些難以克服的內部問題。其中最為關鍵的是後繼無人，年輕一代普遍缺乏對此行業的興趣。涼果製作依賴於精湛的人工技藝，並非簡單的機械化生產所能替代，這使得許多年輕人望而卻步，不願投入這個需要付出大量時間和精力，回報卻相對有限的行業。這種人才斷層的現象，嚴重阻礙了涼果行業的可持續發展，也讓這個承載著許多香港人共同記憶的行業面臨著後繼無人的困境，令人不勝唏噓。

然而，儘管涼果行業目前面臨著諸多挑戰，但楊師傅對其未來仍抱持著樂觀的態度，他認為涼果行業並不會就此消失。他認為，消費者日益提高的食品安全意識和政府對食品行業的監管加強，反而可能成為推動行業健康發展的契機。

更嚴格的食品安全標準和規範，將淘汰那些只顧追求短期利益、忽視食品質量和安全的商家，從而提升整個行業的整體水平，保障消費者的權益，最終有利於注重品質的商家脫穎而出，實現可持續發展。換言之，外部環境的壓力，也可能成為行業洗牌、優化升級的動力。

當然，年輕一代對涼果製作技藝失去興趣，的確是涼果行業持續發展的一大隱憂。如果這種情況持續下去，傳統的涼果製作技藝很可能面臨失傳的風險，這將是香港飲食文化的一大損失。

因此，積極推廣涼果製作技藝，提升其在年輕人心目中的吸引力，至關重要。這需要通過多種途徑，例如：在學校或社區開辦相關課程、舉辦涼果製作比賽或展覽、利用媒體平台宣傳涼果製作的文化底蘊和獨特魅力等，可以讓更多年輕人了解並認識到這項傳統技藝的價值，從而激發他們的學習興趣，為涼果行業注入新的活力，避免其走向衰落。

雖然涼果行業面臨著市場環境變化和後繼無人的困境，但像楊師傅和華泰興涼果這樣的傳統老字號企業，卻始終堅守著自己的信念，並積極尋求突破。他們通過不斷提升產品品質、改良經營模式，努力吸引更多消費者，同時也嘗試吸引年輕一代加入這個行業，為涼果行業的未來發展貢獻力量。

儘管涼果行業可能已經呈現出夕陽產業的某些特徵，但這些企業的堅持和努力，為這個行業保留了一線生機，也為香港的傳統飲食文化增添了一份溫暖和希望。他們的奮鬥，值得我們敬佩和尊重。

TIPS ★九製橄欖的涼果小百科★

九製橄欖以去核橄欖和黑糖為主要原料，經多道繁複工序精製而成，其口感獨特，不僅爽甜可口，更散發著一股令人難以抗拒的甘香。

橄欖本身富含鐵質、膳食纖維以及對人體有益的不飽和脂肪酸，營養價值極其豐富，是天然的健康食材。值得一提的是，其製作過程中，黑糖的加入不僅提升了甜度，更增添了一份獨特的風味層次，與橄欖本身的清香完美融合。

橄欖自古以來就被視有高效的藥用價值。中醫認為，其性平味澀，具有鎮靜安神、清熱解毒、生津止渴等多重功效。不僅如此，橄欖還能預防中暑，並具有清肺利咽的功效，對於舒緩咽喉不適也有一定的幫助。

因此，九製橄欖不僅是一種美味的零食，更是一種老少皆宜的健康食品，每日適量食用，能為身體帶來多方面的益處，有助於維持身心健康。

第 10 章 黃皮

港式涼果・徹底的革新

黃皮，這種原產於熱帶地區的水果，其果實蘊藏著豐富的營養素，例如多種有機酸、果膠以及維生素C等，對人體健康裨益良多。這些營養成分協同作用，有助於降低血壓，促進血液循環的順暢，增強人體免疫系統的抵抗力，並改善膚質，使肌膚更加健康亮澤。

此外，黃皮的口感酸甜適中，果肉細膩柔滑，且果汁充沛，入口即能感受到其清爽宜人的滋味，因此被廣泛認為是夏季和秋季消暑解渴的絕佳選擇，其清新的風味更能為炎熱的天氣帶來一絲舒爽。除了作為一種美味的水果廣受喜愛外，黃皮在中醫藥理領域也扮演著重要的角色。其中，甘草黃皮作為一種著名的港式涼果，更是將黃皮的藥用價值發揮得淋漓盡致。其果肉質地柔潤，味道酸甜適中，入口甘潤爽口，濃郁的果香令人回味無窮。甘草黃皮不僅能生津止渴，更具有止咳消痰、開胃消食的功效，因此不僅是一種美味的零嘴，更兼具著一定的藥用價值，是老少皆宜的健康之選。其獨特的風味和功效，使其在眾多涼果中佔據一席之地。

許多港式涼果，如同甘草黃皮一般，巧妙地將藥用價值融入零食之中，兼具藥食同源的雙重特性。這與市面上流行的薯片、巧克力等現代零食形成了鮮明對比。

後者雖然注重味蕾的刺激，追求強烈的感官享受，卻往往在加工過程中損失了大量的營養成分，甚至添加了過多的糖、鹽和人工添加劑。因此，相較於這些經過高度加工、營養價值流失的現代零食，那些口味獨特、富含營養且保留傳統風味的涼果，在現代社會快節奏、高壓的生活中，顯得更加彌足珍貴，也更能體現出傳統飲食文化的深厚底蘊和健康理念。

儘管港式涼果擁有如此豐富的文化底蘊和健康價值，但遺憾的是，年輕一代似乎尚未充分認識到其魅力，未能將其納入日常飲食之中。因此，保護和傳承港式涼果文化，絕非單一商家所能獨力承擔的責任，而是需要整個行業共同努力，群策群力。這需要從多方面入手，例如改良包裝設計，使其更符合現代年輕人的審美；創新營銷手法，提升其在市場上的曝光度和影響力；以及在保留傳統風味的基礎上，將其打造成具有鮮明「香港特色」的代表性產品，讓其在國際舞台上展現獨特的魅力。總而言之，港式涼果需要一次全面的革新，才能在現代社會中繼續綻放光彩，延續其悠久的歷史和文化。

港式涼果，其實早已深深融入香港的飲食文化肌理，成為其獨特風味的重要組成部分。它與其他鹹香調味方式截然不同，涼果在發酵過程中所產生的獨特酸甜風味，更能巧妙地提升食材本身的滋味，而非單純地掩蓋。這種微妙的平衡，如同鋼琴伴奏般，穩妥地襯托主旋律，在不喧賓奪主的前提下，將食物的原味與涼果的酸甜交織成一曲和諧的美味交響樂，讓味蕾體驗層次豐富的感官盛宴。涼果的獨特之處，正是在於它這種恰到好處的點綴，而非強勢的調味。

若能善用科技提升生產流程，並注入創新思維，充分展現涼果作為港式小食的文化價值，甚至將部分涼果的藥用價值融入全新包裝設計與行銷策略，則不僅能吸引本地居民與年輕族群，更能讓遊客和消費者重新認識並肯定港式涼果這類獨特的小食。

透過現代化的包裝設計，以及更精準的目標客群行銷，我們可以將涼果從傳統「老餅」的刻板印象中解脫出來，賦予其嶄新的活力與吸引力。如此一來，不僅能延續港式涼果的文化傳承，更能為其創造新的市場定位，實現文化保存與商業成功的雙贏局面。這需要結合傳統工藝與現代科技，創造出兼具傳統風味與現代美學的產品，才能真正打動人心。

阿聰期許新一代的華泰興，不僅要繼續守護並傳承父親的傳統涼果製作技藝，更要積極探索食品科技的創新應用，以涼果為基底，研發多元化的產品線，拓展其市場潛力。他的長遠目標，是透過創新與傳統的融合，重新定義並引領香港的涼果文化，賦予這項傳統美食新的生命力與時代意義。這不僅僅是商業上的考量，更是對香港飲食文化的一種承擔與創新。

近年來，阿聰積極鑽研中西食療的精髓，並將其融會貫通，運用創新技術開發出多款獨具特色的「新涼果」。其中，「EASE UP 治在 - 草本舒喉末」是他近期最為滿意的作品。

現代都市人生活步調緊湊，壓力繁重，往往忽略了咽喉的不適症狀，這些被輕忽的病痛，日積月累之下，容易演變成難以根治的慢性疾病，嚴重影響生活品質。「EASE UP 治在 - 草本舒喉末」秉持傳統漢方藥理的「君臣佐使」配伍原則，並結合現代先進的製藥技術，精心配製出符合東方人體質的草本配方。

「EASE UP 治在 - 草本舒喉末」產品堅持港式涼果製作的原則：無添加人工色素及防腐劑。除此之外，更完全杜絕西藥成分的添加，以及可能造成嗜睡的成分。其獨特的配方能迅速有效地舒緩各種咽喉不適，實現「隨時隨地，舒緩自在」

（EASE UP ANYWHERE，EASE UP ANYTIME）的全新舒喉理念，為現代人提供更安心、更有效的咽喉保健方案。

「EASE UP 治在 - 草本舒喉末」的成功研發，為阿聰開拓了「新港式涼果」發展的嶄新道路，也讓他看到了傳統涼果產業轉型的無限可能。阿聰計仔多多，創意十足，未來他將繼續沿著涼果創新的方向前進，矢志讓年輕一代重新認識並欣賞涼果的獨特價值與文化意義，讓這項傳統技藝在新時代煥發出勃勃生機。

阿聰懷抱著宏偉的願景，渴望將港式涼果重新推向世界舞台。他不僅僅滿足於守成，更雄心勃勃地期盼港式涼果能如同台灣珍珠奶茶和日本和果子一樣，藉由創新與改良，重塑其品牌形象，不僅贏得年輕一代的喜愛，更能吸引國際消費者的目光，讓這份陪伴他成長的傳統美食，在全球舞台上重新綻放異彩。他相信，只要持續創新，港式涼果必能突破地域限製，走向國際，成為享譽全球的特色美食。

這不僅僅是商業目標，更是阿聰肩負的一種文化使命。要實現如此宏大的願景，絕非一蹴可幾。港式涼果需要全方位的革新，從產品包裝到市場營銷策略，都必須符合國際消費者的審美和喜好，並迎合年輕人的消費習慣。關鍵在於找到突破傳統的創新方法，重新詮釋涼果的內涵，在經典中融入新意，創造出兼具傳統底蘊與現代時尚感的產品。

阿聰的策略是先從香港出發，深耕本土市場，建立穩固的品牌基礎，再以香港為橋樑，將港式涼果文化推向全球，引領一場屬於涼果的國際潮流。

創新，是突圍的唯一途徑。阿聰，作為「果二代」，深知要讓涼果事業更上一層樓，就不能墨守成規，必須突破傳統的束縛。這不僅僅是他個人的目標，更是他對家族事業的承諾與責任。他明白，只有不斷推陳出新，才能在競爭激烈的市場中佔據一席之地，才能讓這份承載著家族歷史與情感的涼果事業，繼續蓬勃發展，代代相傳。因此，他立志將畢生精力奉獻於此，用創新來回饋這片養育他的土地，以及這份他熱愛的事業！

TIPS ★蜜製黃皮的涼果小百科★

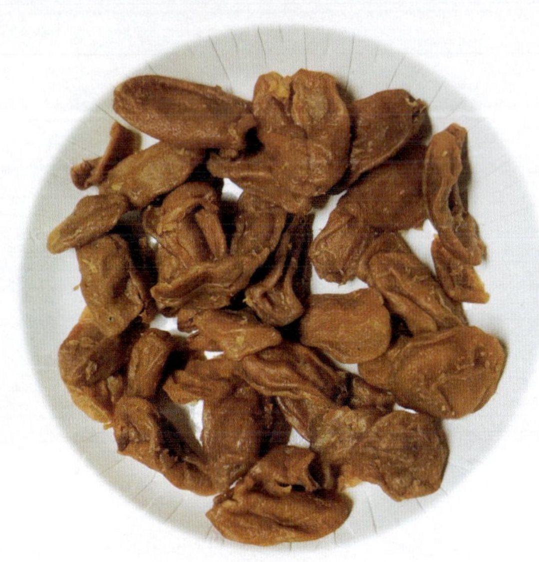

蜜製黃皮，選用上乘黃皮為原料，經精湛工藝炮製而成。其口感細膩柔軟，同時完美保留了黃皮獨有的清香，令人回味無窮。

值得一提的是，黃皮本身更是一種傳統中藥材，具有清熱解毒、消食化滯、理氣健脾等多重功效，因此蜜製黃皮不僅美味可口，更兼具食療價值，是老少皆宜的健康零食。

蜜製黃皮的製作，始於對原料的精挑細選。蜜製黃皮一般只選用成熟度適中、果皮飽滿、色澤金黃的優質黃皮，這是確保產品品質的第一步。

黃皮，作為柑橘類水果的外果皮，富含多種營養成分。在製作過程中，蜜製黃皮會採用傳統工藝與現代技術相結合的方法，以天然蜂蜜為主要輔料，通過精密的控制時間和溫度，使黃皮充分吸收蜂蜜的甘甜，並使其口感變得更加細膩柔軟，同時也提升了其營養價值和風味層次。

第 11 章 職人涼果

薪火傳承・堅守工藝

香港非物質文化遺產清單中，傳統手工藝項目裡赫然列名著涼果醃製技藝。這項技藝的精髓，在於將各式瓜果，透過精準的醃製、細膩的糖煮和充分的日曬程序，最終成就色香味俱全的涼果。

其淵源可追溯至唐宋時期廣式涼果的製作，至今已歷經千年歲月的洗禮，承載著濃厚的歷史文化底蘊，並在香港這片土地上代代相傳，生生不息。

涼果製作技藝的精妙之處，不僅體現在其選材考究、工序繁複，更在其獨特的風味中蘊含著傳統文化的精髓，是香港飲食文化中不可或缺的一環。

擁有近半世紀歷史的華泰興，堪稱香港涼果業的翹楚。創辦人楊強漢師傅自 1979 年投身涼果行業，並於 1987 年創立家庭式工廠及貿易公司，矢志不渝地鑽研涼果製作技藝。

數十年如一日的辛勤耕耘，使楊師傅累積了豐富的經驗，練就了精湛的技藝，其匠人精神令人敬佩，也成就了在業界的領先地位。他對涼果製作的執著與熱情，不僅體現在產品的品質上，更體現在對傳統技藝的堅守與傳承上。

選料

為了製作出頂級的職人涼果，採摘原料的選擇極為嚴苛，例如選用生長於海拔 1000 至 2000 米高山的李梅，直接從泰國進口優質青檸檬，選用山東產區的大肉薑，以及使用五年以上陳化時間的優質陳皮等。

功效

香港涼果種類繁多，琳瑯滿目，其中最為人熟知的，莫過於搭配中藥飲用的陳皮梅和陳皮化核應子；用以舒緩喉嚨不適的鹹柑橘；富含維生素 C，具有美容養顏功效的檸檬；溫中健脾的薑；以及能有效緩解暈船嘔吐症狀的話梅等等。

這些涼果，不僅是日常生活中常見的健康小食，更蘊含著豐富的養生智慧。除了傳統的禮餅之外，港式涼果產品，憑藉其優良的品質和獨特的風味，深受遊客喜愛，在各大旅遊景點均有銷售，早已成為香港特色產品的代表，向世界展現香港的飲食文化魅力。

上百種蜜餞類、果脯類和涼果，全部採用純天然綠色原料精製而成，並秉持傳統工藝，具有生津、提神、健胃、消食等功效，是居家旅行的理想健康零食。

陳皮 X 梅子

提起陳皮梅，許多人腦海中首先浮現的，或許是中藥材那股苦澀的味道。然而，陳皮梅實際上是廣式蜜餞中的一種，不僅僅是餐後「送口」的解膩小食，更蘊含著一定的益處，是一種兼具美味與健康的零食。

廣式蜜餞，發源於廣州、潮州等地，其製作技藝精湛，歷史悠久，而陳皮梅作為廣式蜜餞中的佼佼者，更是深受人們喜愛，位居話梅類蜜餞的銷售冠軍，其獨特的風味與口感，使其成為廣式蜜餞中的經典之作。

陳皮梅是港式涼果的重點產品，因此公司特別投入大量時間和精力，奔赴蘿崗、梅州、潮州等地，尋覓優質梅子。這些梅子並非尋常之物，而是經過精心嫁接而成的「靚梅」。值得一提的是，這些「靚梅」的培育，源於李和梅的嫁接技術，其中包括青梅、粉梅、桃駁李等多種品種的駁接，以及獨特的青竹梅，總計十餘種嫁接名稱，由此可見公司對原材料的挑選，追求極致，力求完美。

《食療本草》中記載梅子：「以少蜜相和，止渴……」，這說明梅子自古以來便具有食療價值。在缺乏現代藥物的年代，人們長途跋涉，無論是乘船還是坐車，都會攜帶陳皮梅，以應對旅途中的不適。這是因為陳皮梅具有止吐、安胃、止嘔的功效，可謂天然的防暈藥。

時至今日，陳皮梅更被譽為「涼果之王」、「天然綠色保健食品」，這不僅源於其甘平的性味，更因其富含人體所需的氨基酸等多種營養成分。此外，梅子屬於強鹼性食物，有助於維持體內酸鹼平衡，延緩衰老。

陳皮梅具有生津止渴的功效，不僅能促進食慾，更能促進腸胃蠕動，達到澀腸止瀉的效果，對於便秘或腹瀉等腸胃不適症狀，有一定的調節作用。

此外，梅子的酸味還能促進鈣質吸收，這是一個鮮為人知的益處。當感到焦慮不安或肌肉痠痛無力時，食用少量陳皮梅（三兩粒左右）能起到一定的緩解作用。更值得一提的是，梅子的酸味具有整腸功效，能抑製腸道有害菌的生長，同時健胃消食；而其酸味主要來自檸檬酸，能迅速提振精神，讓人神清氣爽。

陳皮梅選用的陳皮，同樣講究品質，全部來自廣東新會和廣西地區，且陳化時間均超過五年。幾萬元一噸的優質陳皮與幾百元一噸的普通陳皮，其品質差異巨大，宛如天壤之別，這也體現了對產品品質的嚴苛要求。

中醫理論認為陳皮具有健脾和胃、化痰止咳的功效，傳統上主要作為藥材使用。然而，華泰興別出心裁，將陳皮經過四十多天的獨特醬製工藝，並加入甘草水、丁香、八角、桂皮等多種秘製香料，巧妙地將藥材的功效與美味的零食完美結合，製成令人垂涎欲滴的陳皮梅。如此一來，消費者既能享受到美味的零食，又能攝取陳皮的藥用價值，可謂相得益彰，一舉兩得。

肉薑 X 檸檬

香港人生活節奏急促，每日奔波於工作與生活的夾縫之中，趕著一個又一個的期限，常常忽略了飲食的質量，甚至只是草草塞飽肚子便了事。然而，在繁忙的都市生活中，注重飲食健康至關重要。

此時，不妨嘗試在飯前食用一至兩粒檸汁薑。這並非僅僅是簡單的調味品，而是一種兼具多種功效的健康食品，能有效提升飲食體驗，促進身體健康。它不僅能刺激食慾，開啟味蕾，更能促進消化系統功能，提高消化吸收效率，間接有助於維持理想體重。

檸汁薑，選材嚴苛，只採用優質肉薑製作。何謂肉薑？指的是將薑栽種六個月後，繼續悉心照料，待其薑枝肥大、表皮呈現淡褐色且光滑鮮亮方可採收。與普通薑相比，肉薑的莖部更加粗大，水分含量也更豐富，口感細緻，辣味溫和，入口綿密，帶有粉糯的質感。這種獨特的質地和風味，源於其充分成熟的狀態，也使其更有效地發揮健胃、益脾、驅寒、除濕的功效。

檸汁薑的獨特口感，源於其精湛的製作工藝。首先，優質肉薑會被切碎成粒狀，其顆粒飽滿，口感紮實，猶如牛筋丸般富有嚼勁。而檸汁薑的靈魂 —— 檸檬，則嚴選泰國優質檸檬，以食鹽仔細清洗，有效殺菌。清洗後的檸檬去皮，再經煮製及日曬，直至果肉呈現濃郁的 Creamy 狀。

然而，華泰興對品質的追求並不止步於此。為確保產品的最佳狀態，工藝流程更精益求精：將處理好的檸檬與特製的檸檬醬、陳皮醬一同熬煮，並經過多次高溫殺菌處理，確保產品安全衛生，讓消費者食得安心。

正如牡丹之美需綠葉襯托，檸汁薑亦巧妙地運用甘草、桂皮、丁香等天然香料，與薑和檸檬的滋味交融，形成豐富的口感層次，令其風味更上一層樓。這些天然成分不僅增添了獨特的香氣，更提升了檸汁薑的養生功效。

除了令人垂涎的絕佳風味外，檸汁薑因選用上乘肉薑，更具備一定的止咳功效，尤其適合喉嚨不適時食用，以緩解不適症狀。在流感盛行期間，咳嗽往往會引來旁人的關注，此時，含上一粒檸汁薑，便能輕鬆應對，避免不必要的尷尬。無論飯前食用以增進食慾，還是飯後食用以促進消化，檸汁薑都堪稱天然的養生妙品。隨身攜帶幾粒，隨時享用，更能提神醒腦，成為日常生活中不可或缺的小零食。

陳皮 X 青檸檬

華泰興的陳皮檸檬選用來自泰國的優質青檸檬，其果皮飽滿，果肉豐盈，經精心挑選後製成。清新的檸檬香氣與甘甜的滋味完美融合，入口清怡，令人回味無窮。青檸檬富含維生素C，能增強免疫力，促進新陳代謝；而其果皮中更蘊藏著豐富的鈣質，有助於骨骼健康，與陳皮的獨特香氣相輔相成，製成涼果後，不僅風味絕佳，更兼具營養價值，是一款老少咸宜的健康零食。

《本草綱目拾遺》中記載，檸檬具有「腌食，下氣和胃」的功效，其藥用價值涵蓋清熱解暑、生津止渴、和胃降逆以及化痰止咳等多個方面，功效顯著。

現代中醫臨床應用中，也常以檸檬治療暑熱煩渴、胃熱傷津、痰熱咳嗽等症狀，並取得了良好的療效。青檸檬因其強酸性，其藥效更被認為與傳統良藥不相上下。中醫理論認為，檸檬性溫味苦，無毒副作用，具有止渴生津、祛暑清熱、化痰止咳、以及健脾益胃等多重功效。

此外，檸檬富含維生素 C，能有效促進人體血液循環，並有助於鈣質的吸收，進一步提升其保健價值。這些功效與現代醫學研究結果相互印證，更突顯了檸檬的藥食同源價值。

華泰興選用的泰國青檸檬，個頭雖小，但表皮緊實光滑，質感細膩。果肉酸香撲鼻，更蘊含著令人驚豔的花香氣息，酸度層次豐富，絕非一般檸檬所能比擬。其獨特的成分能有效促進胃中蛋白分解酶的分泌，進而增加胃腸蠕動，改善消化功能；同時，其祛痰功效更勝於橙子和柑橘類水果，堪稱集多種功效於一身的珍貴食材。這種優質的青檸檬，不僅風味絕佳，更具有顯著的保健功效，實乃上乘之選。

泰國青檸檬富含川陳皮素和橘皮素等天然活性成分，這些成分對人體健康益處良多。研究顯示，它們能有效調節血糖和血壓，有助於預防和緩解高血糖和高血壓等慢性疾病。此外，川陳皮素和橘皮素還具有抗氧化和抗炎作用，有助於延緩腦部退化，保護腦細胞健康，並能促進肌膚新陳代謝，達到美肌潤膚的效果。同時，它們還能軟化血管，促進血液循環，並具有排毒功效，幫助身體排除有害物質，維持身體健康。因此，食用泰國青檸檬，對維持整體健康具有顯著的積極作用。

華泰興堅持直接從泰國當地農民手中採購青檸檬，確保檸檬品質始終如一，並在過去數十年間持續嚴格把控其品質與來源。無論是陳皮梅、陳皮話梅、還是陳皮檸檬等產品，廠房所使用的陳皮均來自廣東和廣西地區，並經過至少五年以上的陳化，使其風味更加醇厚。此外，獨家秘方的甘草水等天然成分的加入，更賦予了陳皮醬獨一無二的風味，形成其專屬的品牌特色，入口便能辨識其與眾不同的滋味。這種對品質和風味的堅持，正是品牌長盛不衰的關鍵所在。

陳皮具有理氣寬中、健脾益胃、燥濕化痰等多種功效，其辛、苦、溫的性味使其尤其適合治療風寒型痰多咳嗽。與之搭配的泰國青檸檬，其碧綠的外皮透著光澤，果肉晶瑩剔透，散發著濃郁的檸檬香氣，酸味濃郁，富含豐富的維生素 C。

陳皮的溫和與青檸檬的酸爽完美融合，不僅口感層次分明，更將各自的功效相互補足，相得益彰，令人回味無窮。這種巧妙的搭配，不僅提升了口感的享受，更增強了其保健功效。

陳皮 X 李子

嘉應子，以李子為原料，經去核、加蔗糖、甘草、鹽等工序精製而成，色澤誘人，風味獨特。其中，已去核的李子蜜餞稱為「化核嘉應子」，口感更佳。由於其起源於廣東嘉應州（今梅州市），因此得名「嘉應子」，這也使其成為梅州地區乃至廣東省的一種特色名產，享譽盛名。其製作技藝歷經世代傳承，至今仍保留著傳統的工藝流程，確保每一顆嘉應子都擁有上乘的品質。

除了廣受歡迎的陳皮梅外，嘉應子也是許多人喜愛的蜜餞佳品。李子自古以來即被尊為「五果」之首，富含醣類、維生素及多種有機酸，具有醒酒、提神、增進食慾、促進新陳代謝以及促進腸胃蠕動等功效，尤其適合飽餐後感到脹氣不適者食用。其溫和的酸甜滋味，更能有效舒緩腸胃不適。此外，對於孕期反應劇烈的孕婦而言，少量食用嘉應子亦有助於緩解孕吐等不適症狀，但仍需適量攝取，並諮詢醫生意見。

《本草綱目》記載，李子性味微溫，味苦酸，具有調和脾胃、消除浮腫的功效。值得一提的是，李子中富含的花青素，是一種強效的抗氧化劑，能有效清除體內自由基，提升人體免疫力，增強抵抗力。

而將李子加工製成的嘉應子，不僅保留了李子的營養價值，更因其香甜可口的滋味，使其成為老少咸宜、益處良多的健康食品。其獨特的風味與營養價值兼具的特性，使其成為一種值得推崇的傳統美食。

李子性平，味甘酸，藥用歷史悠久，自古以來即被視為滋補佳品。古人認為李子具有生津止渴、清肝瀉熱的功效，尤其適合口乾舌燥、暑熱煩渴之時食用，能有效緩解不適。中醫理論也指出，李子具有生津液、利小便的功效，有助於促進體內水分代謝，使人精神煥發，活力充沛。其溫和的特性，使其成為老少皆宜的健康水果。

華泰興在製作陳皮化核嘉應子時，格外注重李子的狀態變化，這是一個精細且講究經驗的過程。例如，一百斤李子首先會以食鹽進行殺菌處理，之後再加入五十斤蔗糖，但並非一次性加入，而是分為七到八次，每次加入後需間隔數日，反覆進行腌煮，並根據李子的實際情況調整步驟和時間。因此，每一批次的製作過程都略有不同，完全仰賴師傅們數十年累積的經驗與精湛技藝，才能成就其獨特的風味與品質。這也使得每顆嘉應子都蘊含著匠人精神與時間的沉澱。

陳皮的選用則主要來自浙江和廣西地區，且必須陳放五年以上，才能達到最佳的品質。古往今來，中醫和美食家都一致認為陳皮的價值隨著年份的增長而提升，甚至有「一兩陳皮一兩金」的說法，足見其珍貴。陳皮作為一味常用中藥材，古籍記載其「能通五臟六腑之經絡，使呼吸順暢，無痰阻之患」，具有健脾理氣、燥濕化痰、解膩留香、降逆止嘔等多重功效，其獨特的香氣和藥性，為嘉應子增添了更上一層樓的風味與價值。

嘉應子結合了李子生津、開胃、養血等多種功效，飯後食用幾粒，可以幫助消化，促進腸胃蠕動。炎炎夏日，食用嘉應子更能生津解渴，遠勝於其他高糖高熱量的零食。此外，嘉應子也是飲茶時的絕佳伴侶，其獨特的風味與茶香相得益彰，更使其成為饋贈親友的理想佳品。

參考資料

- 「非遺知味」巡迴展覽 .(2024). 非物質文化遺產辦事處 .https://www.icho.hk/tc/web/icho/taste_of_ICH.html

- 澳門文化遺產網 .(n.d.). 涼果製作技藝 - 非物質文化遺產 . 澳門特別行政區政府文化局 .https://www.culturalheritage.mo/detail/102295

- 伯頓 .(2024, November 15). 滙聚百果之味，百年涼果 — 同益百花魁 .ZA 誌 .https://zamag.net/meeting/

- 陳宛茜 .(2022, October 12). 宋朝「辦桌」比台灣狂！來故宮當「四司六局」實習生 . 琅琅悅讀 .https://reading.udn.com/read/story/122858/6676542

- 春宴圖，畫的居然不是春天？ (2022, March 25). 全民古玩網 .http://www.qvip.net/article-18986

- DOCUMENTARY VIDEO FOR 華泰興 .(n.d.).V1.Media. https://www.v1.media/documentary-video-for-wth-tailor-made/

- 非物質文化遺產處 .(2022, December 6). 廣東省文化和旅遊廳關於公佈第八批省級非物質文化遺產代表性專案保護單位的通知 . 廣東省文化和旅遊廳 . https://whly.gd.gov.cn/open_newggl/content/post_4058518.html

- 甘媄心 , 蔡玉茹 .(2022, October 11). 最古老辦桌專業戶「四司六局」包辦場地、菜色、佈置 . 鏡新聞 . https://www.mnews.tw/story/20221011sot12014

- 關於《夢華錄》，這八件需要瞭解的歷史真實 .(2022, June 9). 澎湃新聞 .https://m.thepaper.cn/kuaibao_detail.jsp?contid=18491561&from=kuaibao

- 靚仔史說官 .(2023, October 25). 宋朝美食文化是如何形成的，它對後世的影響？. 網易 .https://www.163.com/dy/article/IHTV5HRL05562DRX.html

- 李穎 .(2017, April 30). 絲路 “糖史 .” 人民日報 .http://www.xinhuanet.com/world/2017-04/30/c_129582102.htm

- 曼食慢語 .(2020, January 1). 古人吃點啥丨宋代萬物皆可蜜餞？蜜煎局裡的都是你沒見過的 . 網易 .https://www.163.com/dy/article/F1R6OKV50522D2HC.html

- 馬萱人 .(2008, July 23). 永泰興蜜餞行乾甜梅》百年老甕的酸甜故事 . 良醫健康網 .https://health.businessweekly.com.tw/article/ARTL000002036

- 清明上河圖　宋代正店賣酒 — 打美女牌 .(2011, April 23). Udn.com. https://blog.udn.com/hurt633/5128305

- 三劍客 FHU.(2022, January 20). 果子、飲子、點心，古人也愛吃零食，宋朝小食為何被全民 PICK ？. 網易 .https://www.163.com/dy/article/GU58HRCM0543L37L.html

- SKPRendezvous.(2022, June 30).《夢華錄》爆火的背後，是宋代文人生活的風雅之趣 . 豆瓣 .https://www.douban.com/note/833849874/?_i=1785314Uwd9Tim

- Touching History 觸碰歷史 .(2022, November 1). 閒情四事 — 四司六局 .Medium.https://medium.com/@touchinghistoryeducation/

- 溫水灼酒 .(2022, January 11). 宋代上流社會的高級宴會，都是怎麼吃的？ .Sohu.com. https://www.sohu.com/a/515770903_121257738

- 肖雅文 .(2022, June 13). 古人也好吃 “甜食 .” 解放日報 .http://m.cyol.com/gb/articles/2022-06/13/content_J0w3MsZyN.html

- 嚴格 .(2025, February 8). 嚴格《皇帝的飯局》：宋高宗趙構，一個熟悉的陌生人 . 杭州網 .https://hznews.hangzhou.com.cn/wghz/content/2025-02/08/content_8856056.htm

- 楊裕明 .(2025, January 4). 四季流轉的美味藝術！和菓子與日本自然文化交融呈現節慶與季節之美 . 食力 FoodNEXT. https://www.foodnext.net/life/culture/paper/6611043360

- 張博 .(2023, October 23). 泉州蜜餞：千年古早味 . 臺灣導報 .https://www.taiwan-reports.com/archives/693231#google_vignette

- 張慧 .(n.d.). 蜜餞果脯 甜蜜的非遺美食 . 北京日報網 .https://news.bjd.com.cn/2022/09/02/10142987.shtml

- 張青 , 李馥佳 .(2012). 北京文史｜果脯與蜜餞的區別 .《北京文史》2012 年 第 4 期《談古論今話果脯》.https://news.bjd.com.cn/2023/02/15/10336701.shtml

- 章永俊 .(2021, June 3). 聚順和與北京果脯的甜蜜往事 . 北京市人民政府 .https://www.beijing.gov.cn/gate/big5/www.beijing.gov.cn/renwen/lsfm/202105/t20210513_2388346.html

- 蔗糖的發展史，也是中外文化交流及民俗文化傳承與演變的歷史。.(2017, August 19). 人民網 .https://news.jstv.com/a/20170819/1503142504554.shtml

- 朱宏斌，宋孟丹 .(2023, June 27). 中國歷史研究院 . 中國歷史研究網 . http://hrczh.cass.cn/lszg/lszg_wscl/202303/t20230317_5663147.shtml

- 朱振藩 .(2015, November 2).【食說新語】果子與熟水齊補 . 人間福報 .https://www.merit-times.com.tw/NewsPage.aspx?unid=420343

香港華泰興食品製造廠簡介

香港華泰興食品製造廠有限公司，自1990年即投入涼果製造及銷售領域，憑藉著敏銳的市場洞察力，在瞬息萬變的商業環境中穩紮穩打。

起初，華泰興只是一家貿易公司，深知市場風雲變幻莫測，因此格外重視市場趨勢的研判與掌握，並積極應變。這段紮實的貿易經驗，為日後轉型奠定了堅實的基礎。

歷經十餘年的積累與沉澱，透過持續的技術革新和經營模式的調整，公司於2005年成功蛻變，成為一家集批發、出口和製造於一身的綜合性涼果食品企業，標誌著公司發展史上的重要里程碑。

同時，深圳華泰興食品有限公司，作為香港華泰興食品製造廠有限公司的全資子公司，自1994年成立以來，始終保持穩健的發展態勢，並取得了令人驕傲的業績。這不僅體現了公司穩定的經營策略，也彰顯了其強大的市場競爭力。

此外，集團旗下還擁有華泰、華泰行、華漢、廣順發等多家附屬公司及工廠，形成了一張遍布各地、協同運作的產業網絡。公司更匯聚了一支高素質的生產團隊和經驗豐富的現代化企業管理團隊，並建構了完善且先進的品質檢驗和衛生管理體系，確保產品品質始終如一，符合國際標準。

公司擁有自主研發和生產的完整產業鏈，不僅負責香港品牌在本地市場的銷售，更將優質產品遠銷至美國、加拿大、日本、韓國、新加坡、泰國及台灣等國家和地區，積極拓展國際市場。其產品銷售網絡遍及中國大陸主要省份，包括廣東、廣西、福建、重慶、四川、南京、上海、北京、遼寧等地的大部分城市，覆蓋範圍廣泛，市場佔有率不斷提升。

公司的涼果產品以其優良的品質和獨特的風味，贏得了廣大消費者的青睞與好評，樹立了良好的品牌形象和社會口碑，成為行業內的領先企業。

公司始終秉持「緊跟世界綠色潮流，持續加大科技投入，力求創造一流品質」的發展理念，將產品研發置於公司戰略的核心地位。公司積極與國內外權威機構合作，密切關注全球綠色食品發展趨勢，並將其融入產品研發之中。

同時，公司不斷汲取香港、台灣及東南亞等地區的先進加工工藝和技術，持續推陳出新，精益求精，不斷提升產品品質，以滿足消費者日益增長的需求和對高品質產品的追求。

公司規模龐大，擁有雄厚的資金實力及技術人才儲備，總資產規模達數千萬元。其生產廠區佔地六萬平方米，擁有六千平方米的現代化標準廠房，環境寬敞明亮，並配備了業界最先進的涼果食品生產線，確保生產效率和產品品質。這完善的生產設施，使廠房能夠高效地處理和加工數百種不同種類的瓜果，生產出琳琅滿目的涼果產品，滿足多樣化的市場需求。

除此之外，憑藉其卓越的品質管理體系，公司獲得多項國際及國家認證，其中包括 ISO9001 和 ISO22000 國際質量管理體系認證，充分體現了公司對產品品質的嚴格要求和國際化標準的堅守。

更值得一提的是，華泰興是廣東省首家獲得「涼果類、果脯類、蜜餞類」QS 食品生產許可證的企業，也是深圳市唯一一家生產「果脯、蜜餞類涼果」的廠家，在行業內具有領先地位。此外，公司還榮獲深圳市企業協會評選的 2002 年度「深圳市 300 家最具成長性企業」之一，彰顯其強大的發展潛力和市場競爭力。

集團擁有豐富多樣的涼果產品線，產品品質卓越，深受消費者好評。旗下品牌，包括華泰興、華泰行、華泰和廣順發等，在國內外市場均享有盛譽，已成為消費者信賴的知名品牌，在行業內佔據重要地位。

在現代化生產的同時，公司始終傳承傳統手工藝涼果製作技法，擁有一支經驗豐富、技藝精湛的專業團隊，秉持著精益求精的匠人精神。公司致力於傳承和發展涼果產業，弘揚本土文化，力求保留香港人心中傳統涼果的經典風味。然而，公司並非墨守成規，而是不斷追求技術革新和產品創新，並積極尋求與各行各業的合作夥伴攜手共進，共同描繪涼果產業新時代的宏偉藍圖。

華泰興的產品屢獲殊榮，充分肯定了其卓越的品質和市場競爭力，其品牌及產品曾榮獲：

●沈陽食品節名牌產品

●上海國際食品博覽會優良品牌食品

●華泰興陳皮梅榮獲「第四屆深圳國際食品展覽會食品」金獎

●「第四屆深圳國際食品展覽會婦女兒童歡迎」金獎

●中國工業食品協會「產品合格達標食品」

聯絡華泰興

電話（香港）：(+852) 2676 3128

地址（香港）：香港新界粉嶺安全街 33 號
豐盈工貿中心 1 樓

網頁：https://www.wth-foods.com

電郵：marketing@wthfoods.com

涼果拾味

作者資料
系　　列／ 香港情懷 X 心理勵志
作　　者／ 高　峰
彙　　整／ 徐家永
插　　畫／ 雷淑賢

出　　版／ 才藝館（匯賢出版）
地址：新界葵涌大連排道144號金豐工業大廈2期14樓L室
電話：+852-2428 0910
網頁：https://www.wisdompub.com.hk
電郵：info@wisdompub.com.hk

書店發行／ 一代匯集
地址：九龍旺角塘尾道64號龍駒企業大廈10樓B&D室
電話：852-2783 8102　　Fax：852-2396 0050
facebook：一代滙集
email：gcbookshop@biznetvigator.com

版　　次／ 2025年6月初版
定　　價／ HK$128.00　NTD630
圖書類別／ 1.香港情懷　2.心理勵志
圖書書號／ ISBN 978-988-71075-0-7

免責聲明

本書（下稱 " 本著作 "）所載一切資料、內容、建議及意見僅供參考及分享用途，並不構成任何形式的專業意見或建議。本著作之作者、出版方、發行商、印刷商及其相關人士（統稱 " 權利人 "）已盡合理努力確保所刊載資料之準確性，惟對其完整性、準確性、時效性或適用性不作出任何性質的陳述或保證（不論明示或暗示）。

本著作部分內容涉及傳統中醫理論、食品相關知識及民間智慧，僅作文化傳承及知識分享用途。該等內容不應被視為醫療建議、診斷或治療方案，亦不能取代專業醫療人員的意見。任何人士在採用或使用本著作所述之任何產品、食材或方法前，必須事先諮詢合資格醫護人員，尤其是：孕婦或哺乳期婦女；正在接受藥物治療者；有任何已知或懷疑的過敏症狀者；患有慢性疾病或特殊體質者或 18 歲以下人士等。

權利人對於任何人因使用、參考或依賴本著作全部或部分內容而直接或間接導致的任何形式的損失、損害、費用支出或不利後果（包括但不限於直接損失、間接損失、附帶損失、特殊損失、懲罰性損失或後果性損失），概不承擔任何法律責任或賠償義務。

任何因本著作引起或與之相關的爭議，均受香港特別行政區法律管轄，並同意接受香港特別行政區法院的專屬管轄。

如對本著作內容有任何意見、建議或疑問，請以書面形式向香港華泰興食品製造廠有限公司聯絡。

本免責聲明構成讀者與權利人之間就本著作使用的完整協議。如本免責聲明的任何條款被具有司法管轄權的法院認定為無效或不可執行，其餘條款仍具有完整的效力。